ANTHONY DE MELLO, S. J.

D1409236

¿QUIEN PUEDE HACER QUE AMANEZCA?

2.ª Edición

Editorial SAL TERRAE
Santander

1.ª edición (noviembre 1985)   8.000 ejs.
2.ª edición (enero 1986)   10.000 ejs.

Título del original inglés:
One Minute Wisdom

© 1985 by Anthony de Mello, S. J.
    Lonavla (India)

Ilustraciones:
Hna. Chantal (asuncionista)

Traducción al castellano:
Jesús García-Abril, S. J.

© 1985 by Editorial Sal Terrae
    Guevara, 20
    39001 - Santander

Con las debidas licencias

Impreso en España. Printed in Spain

ISBN: 84-293-0724-9   Depósito Legal: BI-2.259-1985

Gráficas Ibarsusi, S. A. - Camino de Ibarsusi, s/n - 48004 Bilbao

«¿Existe eso que se llama 'Un Minuto de Sabiduría'?»
«Por supuesto que existe», replicó el Maestro.
«Pero un minuto ¿no es demasiado breve?»
«No. Es cincuenta y nueve segundos demasiado largo».

Más tarde les decía el Maestro a sus desconcertados discípulos: «¿Cuánto tiempo lleva alcanzar a ver la luna?»

«Entonces, ¿para qué tantos años de esfuerzos espirituales?»

«El abrir los ojos puede llevar toda una vida. El ver es cuestión de un instante».

El Maestro que aparece en estos cuentos no es una sola persona. Es un guru hindú, un roshi zen, un sabio taoísta, un rabino judío, un monje cristiano, un místico sufi... Es a la vez Lao Tse y Sócrates, Buda y Jesús, Zaratustra y Mahoma. Su enseñanza abarca del siglo VII a.C. al siglo XX de nuestra era. Su sabiduría pertenece por igual a Oriente y a Occidente. Pero ¿importan realmente sus antecedentes históricos? A fin de cuentas, la historia es el relato de las apariencias, no de la Realidad; de las doctrinas, no del Silencio.

Sólo te llevará un minuto leer cada una de las anécdotas que siguen. Probablemente, el lenguaje del Maestro te resultará misterioso, exasperante y hasta absolutamente absurdo. Pero es que éste no es un libro fácil. No ha sido escrito para instruir, sino para despertar. Escondida en sus páginas (no en las palabras impresas, ni siquiera en los propios cuentos, sino en su espíritu, en su talante, en su atmósfera) hay una SABIDURIA que no puede expresarse en lenguaje humano. Mientras lees la página impresa y te esfuerzas por penetrar el críptico lenguaje del Maestro, es posible que, sin darte cuenta, tropieces con la Enseñanza Silenciosa que se esconde en el libro y resultes despierto... y transformado. Porque esto es lo que significa la SABIDURIA: cambiar sin el menor esfuerzo por tu parte; ser transformado, lo creas o no, por el simple hecho de despertar a la realidad, que no consiste en palabras y que está fuera del alcance de las palabras.

Si tienes la suerte de despertar de este modo, comprenderás por qué el mejor lenguaje es el lenguaje no hablado, la mejor acción es la que no se realiza y el mejor cambio es el no pretendido.

ATENCION: Toma estos cuentos en minúsculas dosis (dos o tres como máximo). Una «sobredosis» no hará sino disminuir el efecto de la «medicina».

INDICE

7

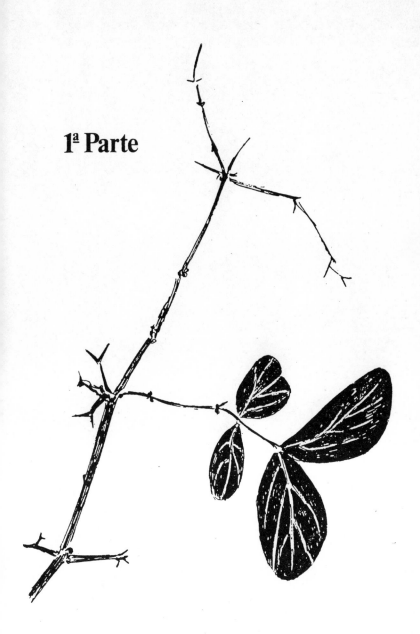

1ª Parte

MILAGROS

Un hombre recorrió medio mundo para comprobar por sí mismo la extraordinaria fama de que gozaba el Maestro.

«¿Qué milagros ha realizado tu Maestro?», le preguntó a un discípulo.

«Bueno, verás..., hay milagros y milagros. En tu país se considera un milagro el que Dios haga la voluntad de alguien. Entre nosotros se considera un milagro el que alguien haga la voluntad de Dios».

17

ADULTEZ

A un discípulo que siempre estaba rezando le dijo el Maestro: «¿Cuándo dejarás de apoyarte en Dios y llegarás a ser independiente?»

El discípulo no salía de su asombro: «¡Pero si has sido tú el que nos has enseñado a considerar a Dios como Padre!»

«¿Cuándo aprenderás que un padre no es alguien en quien puedas apoyarte, sino alguien que te ayuda a librarte precisamente de tu tendencia a apoyarte?»

SENSIBILIDAD

«¿Cómo puedo yo experimentar mi unidad con la creación?»

«Escuchando», respondió el Maestro.

«¿Y cómo he de escuchar?»

«Siendo un oído que presta atención a las más mínimas cosas que el universo no deja nunca de decir. En el momento en que oigas algo que tú mismo estás diciendo, detente».

ABSURDO

El Maestro no dejaba de restregar un ladrillo contra el suelo de la habitación en la que estaba sentado su discípulo, entregado a la meditación.

Al principio, el discípulo estaba contento, creyendo que el Maestro trataba de poner a prueba su capacidad de concentración. Pero cuando el ruido se hizo insoportable, estalló: «¿Qué diablos estás haciendo? ¿No ves que estoy meditando?»

«Estoy puliendo este ladrillo para hacer un espejo», replicó el Maestro.

«¡Tú estás loco! ¿Cómo vas a hacer un espejo de un ladrillo?»

«¡Más loco estás tú! ¿Cómo pretendes hacer un meditador de tu propio yo?»

CLARIDAD

«No busquéis a Dios», dijo el Maestro. «Limitaos a mirar... y todo os será revelado».

«Pero ¿cómo hay que mirar?»

«Siempre que miréis algo, tratad de ver lo que hay en ello, nada más».

Los discípulos quedaron perplejos, de modo que el Maestro lo puso más fácil: «Por ejemplo, cuando miréis a la luna tratad de ver la luna y nada más».

«¿Y qué otra cosa que no sea la luna puede uno ver cuando mira a la luna?

«Una persona hambrienta podría ver una bola de queso. Un enamorado, el rostro de su amada».

RELIGION

En uno de sus viajes, el gobernador se detuvo a presentar sus respetos al Maestro.

«Los asuntos de Estado no me permiten escuchar largos discursos», dijo. «¿Podrías, pues, decirle en unas cuantas frases la esencia de la religión a un hombre tan ocupado como yo?»

«Lo diré en una sola palabra, en honor a su Excelencia».

«¡Increíble! ¿Cuál es esa insólita palabra?»

«Silencio».

«¿Y cuál es el camino hacia el Silencio?»

«La meditación».

«¿Y qué es, si se me permite preguntarlo, la meditación?»

«Silencio».

ESPIRITUALIDAD

Aunque era el «día de silencio» del Maestro, un viajero le suplicó que le diera un consejo que pudiera orientarle a lo largo de toda su vida.

El Maestro asintió afablemente, tomó una hoja de papel y escribió en ella una sola palabra: «Consciencia».

El visitante quedó perplejo. «Eso es demasiado breve. ¿No podrías ser un poco más explícito?»

El Maestro tomó de nuevo el papel y escribió: «Consciencia, consciencia, consciencia».

«Pero ¿qué **significan** esas palabras?», preguntó el otro sin salir de su estupor.

El Maestro volvió a echar mano al papel y escribió: «Consciencia, consciencia, consciencia significa CONSCIENCIA».

VIGILANCIA

«¿Hay algo que yo pueda hacer para llegar a la Iluminación?»

«Tan poco como lo que puedes hacer para que amanezca por las mañanas».

«Entonces, ¿para qué valen los ejercicios espirituales que tú mismo recomiendas?»

«Para estar seguro de que no estáis dormidos cuando el sol comienza a salir».

PRESENCIA

«¿Dónde debo buscar la Iluminación?»
«Aquí».
«¿Y cuándo tendrá lugar?»
«Está teniendo lugar ahora mismo».
«Entonces, ¿por qué no la siento?»
«Porque no miras».
«¿Y en qué debo fijarme?»
«En nada. Simplemente, mira».
«Mirar ¿qué?»
«Cualquier cosa en la que se posen tus ojos».
«¿Y debo mirar de alguna manera especial?»
«No. Bastará con que mires normalmente».
«Pero ¿es que no miro siempre normalmente?»
«No».
«¿Por qué demonios...?»
«Porque para mirar tienes que estar aquí, y casi siempre estás en alguna otra parte».

PROFUNDIDAD

Le dijo el Maestro al hombre de negocios: «Del mismo modo que el pez perece en tierra firme, así también pereces tú cuando te dejas enredar en el mundo. El pez necesita volver al agua... y tú necesitas volver a la soledad».

El hombre de negocios no salía de su asombro. «¿Debo, pues, renunciar a mis negocios e ingresar en un monasterio?»

«No, nada de eso. Sigue con tus negocios y entra en tu corazón».

INTERIORIDAD

El discípulo quería un sabio consejo.

«Ve, siéntate en tu celda, y tu celda te enseñará la sabiduría», le dijo el Maestro.

«Pero si yo no tengo ninguna celda... Si yo no soy monje...»

«Naturalmente que tienes una celda. Mira dentro de ti».

CARISMA

El discípulo era judío. «¿Qué es lo que debo hacer para ser aceptable a Dios?», preguntó.

«¿Y cómo voy a saberlo yo?», respondió el Maestro. «Tu Biblia dice que Abrahán practicaba la hospitalidad y que Dios estaba con él. Que a Elías le encantaba orar y que Dios estaba con él. Que David gobernaba un reino y que Dios también estaba con él».

«¿Y tengo yo alguna forma de saber cuál es la tarea que se me ha asignado a mí?»

«Sí. Trata de averiguar cuál es la más profunda inclinación de tu corazón, y síguela».

ARMONIA

A pesar de su tradicional proceder, el Maestro no sentía un excesivo respeto por las normas y las tradiciones.

En cierta ocasión surgió una disputa entre un discípulo y su hija, porque aquél insistía en que ésta se ajustara a las normas de su religión para elegir a su futuro marido.

El Maestro se puso inequívocamente del lado de la muchacha.

Cuando el discípulo le manifestó la sorpresa que le producía el que un santo actuara de aquella manera, el Maestro le dijo: «Debes comprender que, al igual que la música, la vida está hecha de sentimiento y de instinto, más que de normas».

ENTENDIMIENTO

«¿Cómo podría obtener yo la gracia de no juzgar nunca al prójimo?»

«Por medio de la oración».

«Entonces, ¿por qué no la he obtenido todavía?»

«Porque no has orado en el lugar debido».

«¿Y qué lugar es ése?»

«El corazón de Dios».

«¿Y cómo se llega allí?»

«Has de entender que quien peca no sabe lo que hace y merece ser perdonado».

OFUSCACION

«¿Cómo alcanzaré la vida eterna?»

«Ya es la vida eterna. Entra en el presente».

«Pero si ya **estoy** en el presente... ¿o no?»

«No».

«¿Por qué no?»

«Porque no has renunciado al pasado».

«¿Y por qué iba a renunciar a mi pasado? No todo el pasado es malo...»

«No hay que renunciar al pasado porque sea malo, sino porque está muerto».

PROFECIA

«Quisiera poder llegar a enseñar la verdad».

«¿Estás dispuesto a ser ridiculizado e ignorado y a pasar hambre hasta los cuarenta y cinco años?»

«Lo estoy. Pero dime: ¿qué ocurrirá cuando haya cumplido los cuarenta y cinco años?»

«Que ya te habrás acostumbrado a ello».

RESTABLECIMIENTO

Un joven dilapidó todas las riquezas que había heredado. Como suele suceder en tales casos, en el momento en que se encontró sin un céntimo descubrió que tampoco le quedaban amigos.

No sabiendo qué hacer, decidió buscar al Maestro y le dijo: «¿Qué va a ser de mí? No tengo dinero ni amigos...»

«No te preocupes, hijo mío. Fíjate en lo que te digo: todo volverá a irte estupendamente».

Un rayo de esperanza brilló en los ojos del joven: «¿Volveré a ser rico otra vez?»

«No, sino que conseguirás acostumbrarte a estar solo y sin un céntimo».

PRAGMATISMO

La discípula, que hacía planes para el banquete de su boda, afirmó que, por amor a los pobres, había conseguido que su familia accediera a ir en contra de lo convencional y sentar a los invitados pobres a la cabecera de la mesa, relegando a los ricos a los últimos lugares.

Se quedó mirando a los ojos del Maestro, esperando su aprobación.

El Maestro, después de pensarlo unos momentos, dijo: «Eso sería de lo más desafortunado, querida, porque nadie disfrutaría del banquete. Tu familia se sentiría violenta, tus invitados ricos insultados, y los pobres pasarían hambre, porque estarían demasiado cohibidos, viéndose en la cabecera de la mesa, para comer a su gusto».

IGNORANCIA

El joven discípulo era tan prodigioso que acudían a solicitar su consejo intelectuales de todas partes, los cuales quedaban maravillados de su erudición.

Cuando el Gobernador andaba buscando un consejero, fue a ver al Maestro y le dijo: «Dime, ¿es verdad que ese joven sabe tanto como dicen?»

«A decir verdad», replicó el Maestro con ironía, «el tipo lee tanto que yo no sé cómo puede encontrar tiempo para saber algo».

MITOS

El Maestro impartía su doctrina en forma de parábolas y de cuentos que sus discípulos escuchaban con verdadero deleite, aunque a veces también con frustración, porque sentían necesidad de algo más profundo.

Esto le traía sin cuidado al Maestro, que a todas las objeciones respondía: «Todavía tenéis que comprender, queridos, que la distancia más corta entre el hombre y la Verdad es un cuento».

En otra ocasión dijo: «No despreciéis los cuentos. Cuando se ha perdido una moneda de oro, se encuentra con ayuda de una minúscula vela; y la verdad más profunda se encuentra con ayuda de un breve y sencillo cuento».

FELICIDAD

«Necesito desesperadamente que alguien me ayude... o voy a volverme loco. Vivo en una pequeña habitación con mi mujer, mis hijos y mis parientes, de manera que tenemos los nervios a punto de estallar y no dejamos de gritarnos y de increparnos los unos a los otros. Aquello es un verdadero infierno...»

«¿Me prometes que harás lo que yo te ordene?», le dijo el Maestro con toda seriedad.

«¡Te juro que lo haré!»

«Perfectamente. ¿Cuántos animales tienes?»

«Una vaca, una cabra y seis gallinas».

«Mételas a todas en una habitación y vuelve a verme dentro de una semana».

El discípulo quedó horrorizado, pero ¡había prometido obedecer...! De modo que lo hizo y regresó al cabo de una semana quejándose desconsoladamente: «¡Vengo hecho un manojo de nervios! ¡Qué suciedad, qué peste, qué ruido...! ¡Estamos todos a punto de volvernos locos!»

«Vuelve otra vez», dijo el Maestro, «y saca a todos los animales fuera».

El hombre se marchó a su casa corriendo y regresó al día siguiente radiante de alegría: «¡Qué felicidad! Han salido todos los animales y aquello es ahora un paraíso. ¡Qué tranquilidad, qué limpieza, qué amplitud...!»

37

MEDITACION

Un discípulo se quedó dormido y soñó que había llegado al Paraíso. Pero, para su asombro, vio que allí estaban sentados el Maestro y los demás discípulos, absortos en la meditación.

«¿Y esto es la recompensa del Paraíso?», exclamó. «¡Si es exactamente lo mismo que hacíamos en la tierra!»

Entonces oyó una Voz que exclamaba: «¡Insensato! ¿Acaso piensas que esos que ves meditando están en el Paraíso? Pues bien, es justamente lo contrario: el Paraíso está en ellos».

REALISMO

En cierta ocasión, un jugador empedernido le dijo al Maestro: «Ayer me sorprendieron haciendo trampas mientras jugábamos a las cartas, de manera que me dieron una paliza y me arrojaron por la ventana. ¿Qué me aconsejarías tú que hiciera?»

El Maestro se le quedó mirando fijamente y le dijo: «Si yo estuviera en tu lugar, en adelante trataría de jugar en la planta baja».

Aquello dejó asombrados a los discípulos: «¿Por qué no le dijiste que dejara de jugar?», le preguntaron.

«Porque sabía que no quería dejarlo», fue la sencilla y sagaz respuesta del Maestro.

HABLAR

El discípulo no podía reprimir las gans que tenía de contarle al Maestro el rumor que había oído en el mercado.

«Aguarda un minuto», dijo el Maestro. «Lo que piensas contarnos ¿es verdad?»

«No lo creo...»

«¿Es útil?»

«No, no lo es».

«¿Es divertido?»

«No».

«Entonces, ¿por qué tenemos que oírlo?»

DESAHOGO ESPIRITUAL

El Maestro solía decir que no hay palabras malas si se usan en un contexto adecuado.

Cuando le contaron que uno de sus discípulos era propenso a echar juramentos, él observó: «Ya se sabe que las palabrotas proporcionan el desahogo espiritual que le es negado a la oración».

HABLADURIAS

Un discípulo confesó la mala costumbre que tenía de repetir las habladurías que llegaban a sus oídos.

El Maestro le dijo sardónicamente: «Lo malo no es que las repitas, sino que cada vez lo hagas con mayor maestría».

MOVIMIENTO

A unos discípulos que no dejaban de insistirle en que les dijera palabras de sabiduría, el Maestro les dijo: «La sabiduría no se expresa en palabras, sino que se revela en la acción».

Pero cuando les vio metidos en la actividad hasta las cejas, soltó una carcajada y dijo: «Eso no es acción. Es movimiento».

CAUTIVERIO

«¡Qué orgulloso te sientes de tu inteligencia!», le dijo el Maestro a uno de sus discípulos. «Eres como el condenado que se siente orgulloso de la amplitud de su celda».

2ª Parte

IDENTIDAD

«¿Cómo puedo buscar la unión con Dios?»

«Cuanto más te esfuerces en buscarla, mayor distancia pondrás entre El y tú».

«Pero, entonces, ¿cómo solucionamos precisamente el problema de la distancia?»

«Comprendiendo que no existe».

«¿Quiere eso decir que Dios y yo somos una sola cosa?»

«Ni una ni dos».

«¿Cómo es posible eso?»

«El sol y su luz, el océano y la ola, el cantante y su canción...: ni una cosa ni dos».

DISCERNIMIENTO

«Ya me he pillado los dedos una vez. ¡Nunca más volveré a enamorarme!», dijo el amante que se había visto rechazado.

«Eres como aquel gato que, habiéndose quemado por sentarse en una estufa, nunca más quiso volver a sentarse», replicó el Maestro.

MECANICIDAD

En cierta ocasión preguntó el Maestro a sus discípulos qué creían ellos que era más importante: la sabiduría o la acción.

Los discípulos fueron unánimes en responder: «La acción, por supuesto. ¿De qué vale una sabiduría que no se expresa en la acción?»

«¿Y de qué vale una acción que procede de un corazón ignorante?», replicó el Maestro.

VENERACION

A un discípulo que se mostraba excesivamente respetuoso le dijo el Maestro: «Si la luz se refleja en la pared, ¿por qué veneras la pared? Intenta prestar atención a luz».

EVASIVA

Un turista se hallaba en el templo contemplando retratos de los antiguos Maestros y, de pronto, preguntó: «¿Quedan aún Maestros en la tierra?»

«Hay uno», le respondió el guía. El turista solicitó una audiencia con el Maestro y, llegando ante él, le preguntó: «¿Dónde están hoy los Maestros?»

«Viajante...», dijo el Maestro.

«Señor...», respondió con reverencia el turista.

«¿Dónde estás TU?»

DESTINO

A una mujer que se lamentaba de su destino le dijo el Maestro: «Tú misma eres la artífice de tu destino».

«Pero... seguramente no seré yo la responsable de haber nacido mujer, ¿no es así?»

«El haber nacido mujer no es cosa del destino, sino de la casualidad. Lo que sí es cosa del destino es cómo aceptes tu condición de mujer y lo que consigas hacer de ello».

RENACER

«Rompe tajantemente con tu pasado y alcanzarás la Iluminación», dijo el Maestro.

«Ya lo hago poco a poco...»

«Es el crecimiento lo que se consigue poco a poco. La Iluminación es instantánea.»

En otra ocasión dijo: «¡Pega el salto! No se puede atravesar un abismo a base de pequeños brincos».

SUEÑOS

«¿Cuándo llegaré a la Iluminación?»

«Cuando **veas**», respondió el Maestro.

«Cuando vea... ¿qué?»

«Los árboles y las flores y la luna y las estrellas».

«Pero esas cosas ya las veo todos los días...»

«No. Lo que ves son árboles de papel, flores de papel, lunas de papel y estrellas de papel. Porque no vives en la realidad, sino en tus palabras y pensamientos».

Y, por si fuera poco, añadió pausadamente: «Desgraciadamente, vives una vida de papel y morirás una muerte de papel».

TRANSFORMACION

A un discípulo que siempre estaba quejándose de los demás le dijo el Maestro: «Si es paz lo que buscas, trata de cambiarte a ti mismo, no a los demás. Es más fácil calzarse unas zapatillas que alfombrar toda la tierra».

REACCION

Le preguntaron al Maestro qué criterio seguía para escoger a sus discípulos.

Y el Maestro dijo: «Me comporto de una manera sumisa y humilde. A los que reaccionan con arrogancia ante mi humildad los rechazo inmediatamente. Y a los que me veneran por mi comportamiento humilde los rechazo con la misma rapidez».

FILOSOFIA

Antes de comprometerse a ser discípulo, el visitante quiso obtener del Maestro alguna garantía:

«¿Puedes decirme cuál es el fin de la vida humana?»

«No, No puedo».

«¿O al menos su sentido?»

«Tampoco puedo».

«¿Y no podrías indicarme cuál es la naturaleza de la muerte y cómo es la vida más allá de ella?»

«Tampoco».

El visitante se marchó decepcionado y los discípulos quedaron consternados por la pobre impresión que había dado su Maestro.

Pero el Maestro, en tono consolador, les dijo: «¿De qué vale comprender la naturaleza y el sentido de la vida si ésta nunca ha sido degustada? Es mejor comer el pastel que formular teorías acerca de él».

DISCIPULADO

A un visitante que solicitaba hacerse discípulo suyo le dijo el Maestro: «Puedes vivir conmigo, pero no hacerte seguidor mío».

«¿Y a quién he de seguir, entonces?»

«A nadie. El día en que sigas a alguien habrás dejado de seguir a la Verdad».

CEGUERA

«¿Puedo ser tu discípulo?»

«Tan sólo eres discípulo porque tus ojos están cerrados. El día que los abras verás que no hay nada que puedas aprender de mí ni de ningún otro».

«Entonces, ¿para qué necesito un Maestro?»

«Para hacerte ver la inutilidad de tenerlo».

MEDIACION

«¿Para qué necesitáis un Maestro?», le preguntó un visitante a uno de los discípulos.

«Para calentar el agua hace falta un recipiente que sirva de intermediario entre dicha agua y el fuego», fue la respuesta.

SUPERVIVENCIA

Día tras día, el discípulo hacía la misma pregunta: «¿Cómo puedo encontrar a Dios?»

Y día tras día recibía la misma y misteriosa respuesta: «A través del deseo».

«Pero ¿acaso no deseo yo a Dios con todo mi corazón? Entonces, ¿por qué no lo he encontrado?»

Un día, mientras se hallaba bañándose en el río en compañía de su discípulo, el Maestro le sumergió bajo el agua, sujetándole por la cabeza, y así le mantuvo un buen rato mientras el pobre hombre luchaba desesperadamente por soltarse.

Al día siguiente fue el Maestro quien inició la conversación: «¿Por qué ayer luchabas tanto cuando te tenía yo sujeto bajo el agua?»

«Porque quería respirar».

«El día que alcances la gracia de anhelar a Dios como ayer anhelabas el aire, ese día le habrás encontrado».

DEPENDENCIA

A un discípulo que tenía una excesiva dependencia de los libros le dijo el Maestro:

«Un hombre fue al mercado y, sin saber cómo, perdió la lista de las cosas que debía comprar. Cuando, con gran alivio por su parte, la encontró, la leyó con ansia y la conservó hasta que hubo hecho todas sus compras... y entonces se deshizo de ella como de un inútil pedazo de papel».

ESCONDRIJO

El Maestro llegó a ser una verdadera leyenda viviente. Se decía incluso que en una ocasión Dios le había pedido consejo: «Quisiera jugar al escondite con la humanidad. He preguntado a mis ángeles cuál es el mejor lugar para esconderse, y unos me han dicho que el fondo del océano, otros que la cima de la más alta montaña, y todavía otros me han dicho que la cara oculta de la luna o alguna estrella lejana. ¿Qué me sugieres tú?»

«Escóndete en el corazón humano», respondió el Maestro. «Es el último lugar en el que pensarán».

NO-VIOLENCIA

Una serpiente había mordido a tantos habitantes de la aldea que eran muy pocos los que se atrevían a aventurarse en los campos. Pero era tal la santidad del Maestro que se corrió la noticia de que había domesticado a la serpiente y la había convencido de que practicara la disciplina de la no-violencia.

Al poco tiempo, los habitantes de la aldea habían descubierto que la serpiente se había hecho inofensiva. De modo que se dedicaban a tirarle piedras y a arrastrala de un lado a otro agarrándola de la cola.

La pobre y apaleada serpiente se arrastró una noche hasta la casa del Maestro para quejarse. El Maestro le dijo: «Amiga mía, has dejado de atemorizar a la gente, y eso no es bueno».

«¡Pero si fuiste tú quien me enseñó a practicar la disciplina de la no-violencia!»

«Yo te dije que dejaras de hacer daño, no que dejaras de silbar».

DISTRACCION

Discutían vehementemente los discípulos acerca de cuál de las tres siguientes tareas era la más difícil: redactar en forma de Escritura lo que Dios había revelado, comprender lo que Dios había revelado en la Escritura o explicar a otros la Escritura después de haberla comprendido uno mismo.

Cuando le preguntaron su opinión, dijo el Maestro: «Yo sé de una tarea aún más difícil que cualquiera de esas tres».

«¿Y cuál es?»

«Intentar que vosotros, zopencos, veáis la realidad tal como es».

VUELTA A CASA

«Hay tres estadios en el desarrollo espiritual», dijo el Maestro. «El estadio carnal, el espiritual y el divino».

«¿Cuál es el estadio carnal?», preguntaron impacientes los discípulos.

«Es cuando se ven los árboles como árboles y las montañas como montañas».

«¿Y el espiritual?»

«Es cuando uno mira las cosas con mayor profundidad, y entonces los árboles ya no son árboles ni las montañas son montañas».

«¿Y el divino?»

«¡Ah!, eso ya es la Iluminación», dijo el Maestro, soltando una risita. «Es cuando los árboles vuelven a ser árboles y las montañas vuelven a ser montañas».

ESTERILIDAD

El Maestro detestaba con toda su alma las pláticas espirituales, que él denominaba «perlas de sabiduría».

«Pero, si son perlas, ¿por qué las desprecias?», le preguntaron sus discípulos.

«¿Habéis oído alguna vez que las perlas crezcan si se las planta en un campo?» fue la respuesta.

SIN PALABRAS

«¿De qué os sirve tanto estudio y tantas devociones? ¿Acaso un burro se vuelve sabio por vivir en una biblioteca o un ratón obtiene la santidad por vivir en una iglesia?»

«Entonces, ¿qué es lo que nos hace falta?»

«Corazón».

«¿Y cómo se obtiene eso?»

El Maestro no quiso responder. ¿Qué podía decir que ellos no fueran a convertir en tema de estudio u objeto de devoción?

LLEGADA

«¿Es difícil o fácil el camino hacia la Iluminación?»

«Ni difícil ni fácil».

«¿Cómo es eso?»

«No existe tal camino».

Entonces, ¿cómo se va hacia la meta?»

«No se va. Se trata de un viaje sin distancia. Deja de viajar y habrás llegado».

EVOLUCION

Al día siguiente dijo el Maestro: «Desgraciadamente, es más fácil viajar que detenerse».

Los discípulos quisieron saber por qué.

«Porque, mientras viajas hacia una meta, puedes aferrarte a un sueño; pero, cuando te detienes, tienes que hacer frente a la realidad».

«Pero, entonces, ¿cómo vamos a poder cambiar si no tenemos metas ni sueños?», preguntaron perplejos los discípulos.

«Para que un cambio sea real, tiene que darse sin pretenderlo. Haced frente a la realidad y, sin quererlo, se producirá el cambio».

INCONSCIENCIA

«¿Dónde puedo encontrar a Dios?»

«Está justamente delante de ti».

«Entonces, ¿por qué no consigo verlo?»

«¿Y por qué el borracho no consigue ver su casa?»

Más tarde dijo el Maestro: «Trata de averiguar qué es lo que te emborracha. Para poder ver, has de estar sobrio».

RESPONSABILIDAD

El Maestro se puso en viaje con uno de sus discípulos. A la salida misma de la aldea toparon con el Gobernador, el cual, creyendo equivocadamente que habían salido a darle la bienvenida, les dijo: «La verdad es que no deberíais haberos tomado tantas molestias para recibirme...»

«Os equivocáis, Excelencia», dijo el discípulo. «Lo cierto es que en este preciso momento salíamos de viaje; ahora bien, si hubiéramos sabido que veníais, nos habríamos tomado aún mayores molestias para daros la bienvenida».

El Maestro no dijo una palabra. Hacia el anochecer, sin embargo, le dijo a su discípulo: «¿Por qué tuviste que decirle que no habíamos salido a recibirle? ¿No viste lo ridículo que se sintió?»

«Pero, si no le hubiéramos dicho la verdad, ¿no habríamos sido culpables de haberle engañado?»

«No le habríamos engañado en absoluto», replicó el Maestro. «Se habría engañado él a sí mismo».

ATEISMO

Para deleite de sus discípulos, el Maestro les dijo que le gustaría una camisa nueva por su cumpleaños. Ellos compraron la mejor tela que pudieron encontrar. Vino el sastre de la aldea a tomar las medidas del Maestro y prometió que, con la ayuda de Dios, la camisa estaría lista en una semana.

Pasó una semana, y uno de los discípulos fue a casa del sastre, mientras el Maestro esperaba ansioso su nueva camisa. Pero el sastre dijo: «He sufrido un pequeño retraso. Ahora bien, con la ayuda de Dios, la camisa estará lista mañana».

Al día siguiente dijo el sastre: «¡Cuánto lo siento! Vuelve mañana y, si Dios quiere, seguro que habré acabado».

Al día siguiente dijo el Maestro: «Pregúntale al sastre cuánto tiempo tardará dejando a Dios fuera del asunto».

PROYECCION

«¿Por qué es aquí tan feliz todo el mundo, excepto yo?»

«Porque han aprendido a ver la bondad y la belleza en todas partes», respondió el Maestro.

«¿Y por qué no veo yo en todas partes la bondad y la belleza?»

«Porque no puedes ver fuera de ti lo que no ves en tu interior».

PRIORIDADES

Según la leyenda, un ángel enviado por Dios se presentó ante el Maestro para decirle: «Pide vivir un millón de años y se te concederá. O un millón de millones, si lo prefieres. ¿Cuánto deseas vivir?»

«Ochenta años», respondió el Maestro sin la menor vacilación.

Los discípulos quedaron consternados. «Pero, Maestro, piensa cuántas generaciones podrían beneficiarse de tu sabiduría si vivieras un millón de años...»

«Si yo viviera un millón de años, la gente se preocuparía más de alargar su vida que de cultivar la sabiduría».

SIN ESFUERZO

A un hombre que, por temor al esfuerzo y a la renuncia que pudiera exigir, no se decidía a emprender la búsqueda espiritual, le dijo el Maestro:

«¿Cuánto esfuerzo y cuánta renuncia hace falta para abrir los ojos y ver?»

3ª Parte

DESPREOCUPARSE

«¿Qué debo hacer para llegar a la Iluminación?»

«Nada».

«¿Cómo es eso...?»

«La Iluminación no es cuestión de 'hacer'. La Iluminación se produce».

«Entonces ¿no puede alcanzarse nunca?»

«Por supuesto que puede alcanzarse.»

«¿Y cómo?»

«No haciendo».

«¿Y qué hay que hacer para llegar a no hacer?»

«¿Qué hay que **hacer** para dormirse o para despertarse?»

EXPRESION

Un escritor de temas religiosos, muy interesado en las opiniones del Maestro, le preguntó a éste: «¿Cómo se puede descubrir a Dios?»

Con inusitada rapidez respondió el Maestro: «A base de aclarar el corazón mediante la meditación silenciosa, no ennegreciendo el papel con elucubraciones religiosas».

Y volviéndose a sus sabihondos discípulos, añadió burlón: «Ni espesando el aire con eruditas conversaciones».

DESCUBRIMIENTO

«Ayúdanos a descubrir a Dios...»

«Nadie puede ayudaros a hacerlo».

«¿Por qué no?»

«Por la misma razón por la que nadie puede ayudar al pez a descubrir el océano».

RETIRADA

«¿Cómo puedo ayudar al mundo?»

«Comprendiéndolo», replicó el Maestro».

«¿Y cómo puedo comprenderlo?»

«Apartándote de él».

«Pero, entonces, ¿cómo voy a servir a la humanidad?»

«Comprendiéndote a ti mismo».

RECEPTIVIDAD

«Quisiera aprender. ¿Querrías enseñarme?»

«No creo que sepas cómo hay que aprender», dijo el Maestro.

«¿Puedes enseñarme a aprender?»

«¿Puedes tú aprender a dejarme que te enseñe?»

Más tarde les decía el Maestro a sus desconcertados discípulos: «El enseñar sólo es posible cuando también es posible aprender. Y el aprender sólo es posible cuando te enseñas algo a ti mismo».

CONVERSION

A un grupo de sus discípulos que estaban tremendamente ilusionados con una peregrinación que iban a emprender les dijo el Maestro: «Llevad con vosotros esta calabaza amarga y aseguraros de que la bañáis en todos los ríos sagrados y la introducís con vosotros en todos los santuarios por los que paséis».

Cuando regresaron los discípulos, la amarga calabaza fue cocinada y posteriormente servida como comida sacramental.

«Es extraño», dijo con toda intención el Maestro después de haberla probado, «el agua sagrada y los santuarios no han conseguido endulzarla».

CAUSALIDAD

A todo el mundo le sorprendió que el Maestro empleara una metáfora tan actual: «La vida es como un automóvil».

Ellos se quedaron en silencio, sabiendo que no tardaría en venir la explicación.

«Sí», dijo finalmente, «un automóvil puede emplearse para subir a las más altas cumbres».

Se produjo otro silencio.

«Pero muchas personas se quedan delante de él, permiten que las atropelle y luego le echan la culpa del accidente».

FORZAMIENTO

El Maestro exigía seriedad y resolución a quienes pretendían ser sus discípulos.

Sin embargo, reprendía a éstos cuando se excedían en sus esfuerzos espirituales. Lo que él proponía era una seriedad alegre o una alegría seria, como la de un deportista cuando compite o la de un actor representando su papel.

Y mucha, muchísima paciencia. «Las flores maduradas antes de tiempo no tienen fragancia», solía decir. «El fruto sazonado con apresuramiento pierde su sabor».

CALCULO

El Maestro solía reírse abiertamente de aquellos de sus discípulos que deliberaban interminablemente antes de decidirse a hacer algo.

El lo expresaba del siguiente modo: «Las personas que deliberan exhaustivamente antes de dar un paso se pasan la vida sobre una sola pierna».

REVOLUCION

En el monasterio había una serie de reglas, pero el Maestro no dejaba de prevenir contra la tiranía de la ley.

«La obediencia observa las reglas», solía decir el Maestro, «pero el amor sabe cuánto debe romperlas».

IMITACION

Después de haber alcanzado la iluminación, el Maestro se dedicó a vivir sencillamente, pues había descubierto que la vida sencilla le resultaba de su agrado.

Y se reía de sus discípulos cuando éstos se daban a la vida sencilla para imitarle.

«¿De qué os vale imitar mi comportamiento», solía decirles, «sin tener mis motivos, o adoptar mis motivos sin disponer de la visión que los ha producido?»

Ellos, sin embargo, le comprendieron mejor cuando le oyeron decir: «¿Acaso un chivo se convierte en un rabino por dejarse crecer la barba?»

AUTARQUIA

A un discípulo que no dejaba de pedirle respuestas le dijo el Maestro: «Tienes en tu interior la respuesta a todas las preguntas que haces; lo único que necesitas es saber cómo buscarla».

Y otro día le dijo: «En el país del espíritu no puedes caminar a la luz de una lámpara ajena. Tú me pides que te preste la mía. Pues bien, preferiría enseñarte a hacerte tu propia lámpara».

ANTEOJERAS

«Si te empeñas en que yo tenga autoridad sobre ti», le decía el Maestro a un candoroso discípulo, «te haces daño a ti mismo, porque te niegas a ver las cosas por ti mismo».

Y, tras una pausa, añadió apaciblemente: «Y también me haces daño a mí, porque te niegas a verme tal como soy».

HUMILDAD

A un visitante que a sí mismo se definía como 'buscador de la Verdad' le dijo el Maestro: «Si lo que buscas es la Verdad, hay algo que es preciso que tengas por encima de todo».

«Ya lo sé: una irresistible pasión por ella».

«No. Una incesante disposición a reconocer que puedes estar equivocado».

REPRESION

El Maestro llevaba semanas en estado de coma en su lecho de muerte. Inopinadamente, un día abrió los ojos y vio que estaba allí su discípulo predilecto.

«Tú nunca te alejas de mi cabecera, ¿no es verdad?», musitó apagadamente.

«No, Maestro. No podría».

«¿Por qué?»

«Porque tú eres la luz de mi vida».

El Maestro suspiró y dijo: «¿Hasta tal punto te he deslumbrado, hijo mío, que aún te niegas a ver la luz que hay en ti?»

EXPANSION

El Maestro se sentó y escuchó absorto cómo el célebre economista explicaba sus ideas acerca del desarrollo.

«¿Debería, pues, ser el crecimiento lo único que habría que tomar en consideración en una teoría económica?», le preguntó.

«Así es. Todo crecimiento es bueno en sí mismo».

«¿Y no es eso mismo lo que piensa la célula cancerosa?», dijo el Maestro.

ACEPTACION

«¿Cómo podría ser yo un gran hombre... como tú?»

«¿Y por qué ser un gran hombre?», dijo el Maestro. «Ser simplemente un hombre ya es un logro bastante grande».

VIOLENCIA

El Maestro no se cansaba de repetir que la culpabilidad —**toda** culpabilidad— es un funesto sentimiento del que hay que huir como del mismísimo diablo.

«Pero ¿acaso no tenemos que odiar nuestros pecados?», le preguntó un día un discípulo.

«Cuando te sientes culpable, no son tus pecados lo que odias, sino a ti mismo».

INCONGRUENCIA

Todas las preguntas que se suscitaron aquel día en la reunión pública estaban referidas a la vida más allá de la muerte.

El Maestro se limitaba a sonreír sin dar una sola respuesta.

Cuando, más tarde, los discípulos le preguntaron por qué se había mostrado tan evasivo, él replicó: «¿No habéis observado que los que no saben qué hacer con esta vida son precisamente los que más desean otra vida que dure eternamente?»

«Pero ¿hay vida después de la muerte o no la hay?», insistió un discípulo.

«¿Hay vida antes de la muerte? ¡Esta es la cuestión!», replicó enigmáticamente el Maestro.

DESAFIO

Un discípulo bastante indolente se quejaba de que nunca había conseguido experimentar el silencio que con tanta insistencia recomendaba el Maestro.

Y el Maestro dijo: «El silencio únicamente le es dado a las personas activas».

IDEOLOGIA

Un grupo de activistas políticos trataba de mostrar al Maestro cómo su ideología podría cambiar el mundo.

El Maestro les escuchó atentamente.

Y al día siguiente dijo: «La bondad o la maldad de una ideología depende de las personas que hagan uso de ella. Si un millón de lobos tuvieran que organizarse en favor de la justicia, ¿dejarían de ser un millón de lobos?»

MORALIDAD

Los discípulos solían discutir frecuentemente sobre lo que es correcto y lo que es incorrecto. En ocasiones, la respuesta era lo bastante obvia, pero otras veces resultaba difícil dar con ella.

Cuando el Maestro se hallaba presente en tales discusiones, no tomaba parte en ellas.

Pero una vez le preguntaron: «¿Es correcto o incorrecto matar a alguien que intenta matarte a ti?»

«¿Y cómo voy yo a saberlo?», replicó él.

Los desconcertados discípulos dijeron: «Entonces, ¿cómo podemos distinguir lo correcto de lo incorrecto?»

El Maestro dijo: «Mientras viváis, estad muertos a vosotros mismos, totalmente muertos. Entonces actuad como queráis, que vuestra acción será correcta».

FANTASIA

«¿Cuál es el mayor enemigo de la Iluminación?»

«El miedo».

«¿Y de dónde proviene el miedo?»

«Del engaño».

«¿Y en qué consiste el engaño?»

«En pensar que las flores que hay a tu alrededor son serpientes venenosas».

«¿Cómo puedo yo alcanzar la Iluminación?»

«Abre los ojos y ve».

«¿Qué es lo que debo ver?»

«Que no hay una sola serpiente a tu alrededor».

CONTROL REMOTO

A un tímido discípulo que quería obtener seguridad en sí mismo le dijo el Maestro: «Tú tratas de encontrar certeza en los ojos de los demás, pensando que en eso consiste la seguridad en uno mismo».

«Pero, entonces, ¿no tengo que conceder importancia a la opinión de los demás?»

«Al contrario. Pondera todo lo que digan, pero no te dejes controlar por ello».

«¿Y cómo se rompe el control?»

«¿Y cómo se rompe un espejismo?»

INVERSION

«¿Cómo puedo librarme del miedo?»

«¿Cómo puedes librarte de aquello a lo que te aferras?»

«¿Pretendes acaso insinuar que en realidad me aferro a mis propios miedos? No puedo estar de acuerdo con eso».

«Piensa qué es aquello de lo que tu miedo te protege y estarás de acuerdo. Y podrás ver además tu insensatez».

CONSCIENCIA

«¿La salvación se obtiene a través de la acción o a través de la meditación?»

«De ninguna de las dos maneras. La salvación proviene de la capacidad de ver».

«¿Ver qué?»

«Que el collar de oro que deseas adquirir cuelga ya alrededor de tu cuello. Que la serpiente que tanto pavor te infunde no es más que un trozo de cuerda en el suelo».

SONAMBULISMO

El expansivo estado de ánimo del Maestro dio ánimos a sus discípulos para preguntarle: «Cuéntanos qué es lo que has obtenido de la Iluminación. ¿Tal vez te has hecho divino?»

«No.»

«¿Te has hecho santo?»

«No».

«¿Qué te has hecho, pues?»

«Despierto».

DISTANCIAMIENTO

A los discípulos les intrigaba el que el Maestro, que vivía con tanta sencillez, no condenara la riqueza de algunos de sus seguidores.

«Es raro, pero no imposible, ser rico y santo a la vez», dijo en cierta ocasión.

«¿Y cómo?»

«Cuando el dinero produce en el corazón del rico el mismo efecto que la sombra de aquel bambú produce en el patio».

Los discípulos volvieron la cabeza y vieron cómo la sombra del bambú barría el suelo del patio sin levantar una sola partícula de polvo.

DISTINCION

El Maestro paseaba por la orilla de un río en compañía de algunos de sus discípulos.

«Fijaos», dijo, «cómo los peces brincan constantemente allá donde les apetece. Así es como de verdad se divierten».

Un extraño, que oyó por casualidad estas palabras, dijo: «¿Y cómo sabes tú qué es lo que les divierte a los peces si no eres un pez?»

Los discípulos se quedaron boquiabiertos, porque aquello les pareció una auténtica insolencia. El Maestro, sin embargo, sonrió ante lo que, para él, era producto de un audaz espíritu de indagación.

«Y tú, amigo», replicó afablemente, «¿cómo sabes que yo no soy un pez si tú no eres yo?»

Los discípulos estallaron en carcajadas, pensando que le había dado su merecido. Tan sólo el extraño quedó impresionado por la profundidad de la réplica.

Se pasó el día pensando en ello y, por fin, fue al monasterio a decirle al Maestro: «Tal vez no seas tan diferente de los peces como yo creía... O quizá no sea yo tan diferente de ti».

CREACION

Todo el mundo sabía que el Maestro estaba de parte de los revolucionarios, aun a riesgo de suscitar las iras del Gobierno.

Cuando le preguntaron por qué no se comprometía activamente en la revolución social, respondió con este enigmático proverbio:

«Siéntate tranquilamente
y no hagas nada.
La primavera llega
y la hierba crece».

4ª Parte

PERSPECTIVA

El Maestro se encontraba de especial buen talante y los discípulos se mostraban curiosos. Le preguntaron si alguna vez se había sentido deprimido.

Sí, alguna vez.

Insistieron en preguntarle si no era también verdad que se hallaba en continuo estado de felicidad.

Efectivamente, así era.

Ellos quisieron saber cuál era el secreto.

Y el Maestro dijo: «Este es el secreto: todas las cosas son lo buenas o malas que uno crea que lo son».

SEPARACION

Las enseñanzas del Maestro no le habían gustado nada al Gobierno, el cual le había desterrado del país.

Cuando los discípulos le preguntaron si nunca sentía nostalgia,
el Maestro les dijo: «No».

«¡Pero es inhumano no echar en falta la propia patria!», protes-
taron ellos.

A lo cual respondió el Maestro: «Cuando descubres que la
creación es tu patria, dejas de ser un exiliado».

CAMBIO

El visitante, un historiador, estaba dispuesto a mostrarse discutidor.

«¿Acaso nuestros esfuerzos no cambian el curso de la historia humana?», preguntó.

«¡Oh, sí, claro que lo hacen!», dijo el Maestro.

«¿Y no han cambiado la tierra nuestros trabajos humanos?»

«Ciertamente lo han hecho», respondió el Maestro.

«Entonces, ¿por qué te empeñas en enseñar que el esfuerzo humano es de escasa importancia?»

«Porque, cuando el viento amaina», dijo el Maestro, «las hojas siguen cayendo».

RECONOCIMIENTO

Cuando el Maestro se hizo viejo y enfermó, los discípulos no dejaban de suplicarle que no muriera. Y el Maestro les dijo: «Si yo no me voy, ¿cómo podréis llegar a ver?»

«¿Y qué es lo que no vemos mientras tú estás con nosotros?», preguntaron ellos.

Pero el Maestro no dijo una palabra.

Cuando se acercaba el momento de su muerte, los discípulos le preguntaron: «¿Qué es lo que vamos a ver cuando tú te hayas ido?»

Y el Maestro, con una pícara mirada en sus ojos, respondió: «Todo lo que he hecho ha sido sentarme a la orilla del río y daros agua. Cuando yo me haya ido, confío en que sepáis ver el río».

PERSPICACIA

Los discípulos se hallaban enzarzados en una acalorada discusión acerca de la causa del sufrimiento humano.

Unos decían que la causa era el egoísmo. Otros, que el error. Y otros, por último, que la incapacidad para distinguir lo real de lo irreal.

Cuando le preguntaron al Maestro, éste dijo: «Todo sufrimiento proviene de la incapacidad para sentarse tranquilamente y estar solo».

AUTONOMIA

El Maestro parecía absolutamente insensible a lo que la gente pensara de él. Cuando los discípulos le preguntaron cómo había alcanzado tal grado de libertad interior, él soltó una carcajada y dijo: «Hasta que tuve veinte años, nunca me preocupó lo que la gente pudiera pensar de mí. A partir de los veinte, me preocupaba constantemente lo que pudieran pensar mis vecinos. Pero un día, después de cumplir los cincuenta, de pronto comprendí que ellos difícilmente habían pensado alguna vez en mí.»

INMUNIZACION

Para sorpresa de todos, al Maestro no parecía producirle demasiado entusiasmo la idea de la educación religiosa de los niños.

Cuando le preguntaron la razón de ello, respondió: «Vacunadles cuando son niños y les impediréis contagiarse cuando crezcan.»

117

AUTENTICIDAD

Al Maestro nunca le impresionaron los diplomas y los títulos. El se fijaba en las personas, no en los certificados.

En cierta ocasión le oyeron decir: «Si tienes oídos para escuchar el trino de un pájaro, no necesitas fijarte en sus credenciales».

PREJUICIO

«Nada es bueno ni malo; es el pensamiento el que hace que lo sea», dijo el Maestro.

Cuando le pidieron que lo explicara, lo hizo diciendo: «Un hombre observaba un ayuno religioso siete días a la semana sin perder la alegría. Mientras tanto, su vecino moría de hambre a base de seguir la misma dieta».

SANTURRONERIA

Al Maestro le gustaba la gente normal y ordinaria, y recelaba de quienes se obstinaban en alcanzar la santidad.

A un discípulo que le consultó acerca del matrimonio le dijo: «Asegúrate de que no te casas con una santa».

«¿Por qué?, si puede saberse».

«Porque es el modo más seguro de convertirte en un mártir», replicó regocijado el Maestro.

ENTUSIASMO

A una mujer que se quejaba de que las riquezas no habían conseguido hacerla feliz le dijo el Maestro:

«Hablas como si el lujo y el confort fueran ingredientes de la felicidad, cuando, de hecho, lo único que necesitas para ser realmente feliz, querida, es algo por lo que entusiasmarte».

TOTALITARISMO

Para desconcierto de sus discípulos, en cierta ocasión le dijo el Maestro a un obispo que las personas religiosas tienen una natural inclinación hacia la crueldad.

«¿Por qué?», le preguntaron los discípulos después de que se hubiera marchado el obispo.

«Porque sacrifican con demasiada facilidad a las personas con tal de conseguir su propósito», respondió el Maestro.

DESINTERES

Un acaudalado industrial le preguntó al Maestro: «¿Qué es lo que tú haces en tu profesión?»

«Nada», respondió el Maestro.

El industrial se rió con desdén y volvió a preguntar: «¿Y eso no es pereza?»

«¡No, por Dios! La pereza, por lo general, es el vicio de las personas demasiado activas».

Más tarde les decía el Maestro a los discípulos: «No hagáis nada, y todo se hará por medio de vosotros. La verdad es que el no hacer nada supone un gran quehacer; y si no, intentadlo...»

SABIDURÍA

Al Maestro le encantaba siempre ver cómo las personas reconocían su ignorancia.

«La sabiduría», afirmaba él, «tiende a crecer a medida que crece también la conciencia de la propia ignorancia».

Y cuando le pidieron que lo explicara, dijo: «Cuando consigues comprender que no eres hoy tan sabio como ayer creías serlo, resulta que hoy eres aún más sabio».

AMOR

Preguntaba una pareja de recién casados: «¿Qué debemos hacer para que perdure nuestro amor?»

Y ésta fue la respuesta del Maestro: «Amad los dos juntos otras cosas».

RIQUEZAS

«¿En qué podría ayudarle la espiritualidad a un hombre de mundo como yo?», preguntaba un hombre de negocios.

«Te ayudaría a tener más», respondió el Maestro.

«¿De qué manera?»

«Enseñándote a desear menos».

BIENAVENTURANZA

El desconsolado agente de bolsa, que había perdido una fortuna, acudió al monasterio en busca de paz interior. Pero estaba
demasiado turbado para meditar.

Una vez que aquel hombre se hubo ido, el Maestro, a modo de
indirecta, dijo una sola frase: «Los que duermen en el suelo
nunca se caen de la cama».

UNIVERSALIDAD

Por lo general, el Maestro trataba de disuadir a la gente de vivir en un monasterio.

«Para sacar provecho de los libros no hay necesidad de vivir en una biblioteca», solía decir.

O, diciéndolo aún con más vigor, «se pueden leer libros sin tener que entrar jamás en una biblioteca; y se puede practicar la espiritualidad sin poner jamás los pies en un templo».

FLUIR

Cuando se hizo evidente que el Maestro iba a morir, los discípulos quedaron deprimidos.

Sonriéndoles, dijo el Maestro: «¿Acaso no veis que la muerte es lo que le da encanto a la vida?»

«No. Nosotros preferiríamos, con mucho, que no murieras nunca».

«Todo lo que está verdaderamente vivo debe morir. Fijaos en las flores: sólo las flores de plástico no mueren nunca».

AVENTURA

El tema de la conversación del Maestro era la Vida.

Un día hablaba de cómo había conocido a un piloto que, durante la Segunda Guerra Mundial, se dedicaba al transporte de trabajadores de China a Birmania para que trabajaran en la construcción de carreteras en la selva. El vuelo era tan largo y tan pesado que los trabajadores solían matar el tiempo jugando. Pero, como no tenían dinero con el que jugar, se jugaban la vida: ¡el que perdía tenía que saltar del avión sin paracaídas!

«¡Es terrible!», dijeron los discípulos horrorizados.

«Cierto», replicó el Maestro, «pero ello hacía que el juego fuera emocionante».

Más tarde, aquel mismo día, dijo: «Nunca se vive tan plenamente como cuando uno se juega la vida».

MORTALIDAD

A un discípulo que pedía la sabiduría le dijo el Maestro: «Prueba a hacer lo siguiente: cierra los ojos y trata de verte a ti mismo y a todo ser viviente arrojados desde lo alto de un precipicio. Cada vez que te agarres a algo para detener tu caída, entiende que ese algo también cae contigo...»

El discípulo hizo la prueba y ya nunca volvió a ser el mismo.

LIBERACION

«¿Cómo puedo alcanzar la liberación?»

«Intenta descubrir quién te tiene atado», respondió el Maestro.

El discípulo regresó al cabo de una semana y dijo: «Nadie me tiene atado».

«Entonces, ¿por qué pides ser liberado?»

Este fue el momento de iluminación para el discípulo, que de pronto quedó libre.

RESTRICCION

El Maestro se mostraba extraordinariamente afable con los catedráticos de universidad que acudían a visitarle, pero nunca respondía a sus preguntas ni se dejaba enredar en sus especulaciones teológicas.

A los discípulos, que se maravillaban de ello, les dijo: «¿Puede uno hablarle del océano a una rana que habita en un pozo o hablar de lo divino a una gente que se encuentra encajonada en sus propios conceptos?»

COMPROMISO

Aunque era muy amable con todos sus discípulos, el Maestro no podía ocultar su preferencia por los que vivían en el «mundo» —los casados, los comerciantes, los agricultores...—, más que por los que vivían en el monasterio.

Cuando le interpelaron al respecto, dijo: «La espiritualidad practicada en estado de actividad es incomparablemente superior a la practicada en estado de retiro».

NATURALEZA

Explicaba un conferenciante cómo una pequeña parte de las enormes sumas de dinero que se gastan en armamento en el mundo moderno podría resolver todos los problemas materiales de la totalidad de la raza humana.

Tras la conferencia, la reacción inevitable de los discípulos fue: «Pero ¿cómo es posible que los seres humanos sean tan estúpidos?»

«Porque la gente», dijo solemnemente el Maestro, «ha aprendido a leer los libros impresos, pero ha olvidado el arte de leer los que no lo están».

«¿Podrías indicarnos un ejemplo de libro no impreso?»

Pero el Maestro no indicó ejemplo alguno.

Un día, como los discípulos seguían insistiendo, dijo al fin el Maestro: «El canto de las aves, el sonido de los insectos, ...todo ello pregona la Verdad. Los pastos, las flores, ...todo ello está indicando el Camino. ¡Escuchad! ¡Mirad! ¡Ese es el modo de leer!»

CIELO

A un discípulo que vivía obsesionado por la idea de la vida después de la muerte le dijo el Maestro: «¿Por qué malgastas un solo momento pensando en la otra vida?»

«Pero ¿acaso es posible no hacerlo?»

«Sí».

«¿Y cómo?»

«Viviendo el cielo aquí y ahora».

«¿Y dónde está el cielo?»

«Aquí y ahora mismo».

136

PRESENCIA

Cuando los discípulos le pidieron un modelo de espiritualidad que poder imitar, todo cuanto dijo el Maestro fue: «Callad. Escuchad».

Y cuando estaban escuchando los sonidos de la noche fuera de los muros del monasterio, el Maestro se puso a entonar con suave voz el célebre 'haikku':

«Sin presentir siquiera
su temprana muerte,
la cigarra canta».

CONSTATACION

«¿Qué es lo que la Iluminación te ha proporcionado?»

«Alegría».

«¿Y en qué consiste la alegría».

«En constatar que, cuando lo has perdido todo, no has perdido más que un juguete».

CONFIANZA

El Maestro solía afirmar con frecuencia que la santidad no era tanto cuestión de lo que uno **hacía** cuanto de lo que uno **permitía** que sucediera.

Y a un grupo de discípulos a quienes les resultaba difícil comprenderlo les contó las siguiente historia:

«Erase una vez un dragón que tenía una sola pierna y le dijo al ciempiés: '¿Cómo te las arreglas para manejar todas esas piernas? Yo me las veo y me las deseo para manejar una sola'.

'Si te he de ser sincero', dijo el ciempiés, 'la verdad es que yo no las manejo en absoluto'».

RUIDO

El Maestro tenía que soportar cada día una verdadera avalancha de preguntas, a las cuales él respondía en serio o en broma, con suavidad o con toda energía.

Había una discípula que siempre se pasaba las sesiones sentada y en silencio.

Cuando le preguntaron la razón de su actitud, ella respondió: «Apenas oigo una palabra de lo que dice. Estoy demasiado distraída con su silencio».

5ª Parte

PENSAMIENTO

«¿Por qué desconfías tanto del pensamiento?», dijo el filósofo. «El pensamiento es el único instrumento de que disponemos para organizar el mundo».

«Es verdad. Pero el pensamiento puede organizar el mundo tan perfectamente que ya no seas capaz de verlo».

Más tarde les dijo a sus discípulos: «Un pensamiento es una pantalla, no un espejo; y a eso se debe el que viváis protegidos por una envoltura hecha de pensamiento, insensibles a la realidad».

143

REVELACION

Los monjes de un monasterio cercano pidieron al Maestro que acudiera para ayudarles a resolver una disputa que había surgido entre ellos. Habían oído decir al Maestro que él conocía una técnica infalible para devolver el amor y la armonía a cualquier grupo.

Y en aquella ocasión la reveló: «Cada vez que estés con alguién o pienses en alguien, debes decirte a ti mismo: 'YO ESTOY MURIENDO, Y TAMBIEN ESA PERSONA ESTA MURIENDO', tratando al mismo tiempo de **experimentar** la verdad de lo que estás diciendo. Si todos vosotros os ponéis de acuerdo para ponerlo en práctica, desaparecerá la amargura y brotará la armonía».

Dicho lo cual, se marchó.

BENEVOLENCIA

Un tendero acudió afligido al Maestro para decirle que enfrente de su tienda habían abierto un gran almacén que amenazaba con obligarle a dejar el negocio. Su familia había regentado la tienda durante un siglo, y el perderla ahora significaría su ruina, porque él no estaba preparado para hacer otra cosa.

El Maestro le dijo: «Si temes al propietario del gran almacén, acabarás odiándolo. Y el odio significará tu ruina».

«¿Qué debo hacer, pues?», preguntó el desesperado tendero.

«Sal todas las mañanas a la puerta de tu tienda y bendícela, deseando su prosperidad. Luego vuélvete hacia el gran almacén y bendícelo también».

«¿Qué dices? ¿Bendecir al que me hace la competencia y va a destruirme?»

«Cada una de tus bendiciones sobre él redundará en beneficio tuyo. Y cada mal que le desees servirá para destruirte».

Al cabo de seis meses regresó el tendero para contarle que, como se temía, había tenido que cerrar su tienda, pero que ahora estaba al frente del gran almacén y que las cosas le iban mejor que nunca.

PECADO

Una de las más desconcertantes —y deliciosas— enseñanzas del Maestro era ésta: Dios está más cerca de los pecadores que de los santos.

Y lo explicaba así: Desde el cielo, Dios sostiene a cada persona mediante una cuerda. Cuando pecas, cortas la cuerda. Entonces Dios repara la cuerda mediante un nudo, con lo que te acerca un poco más a él. Con cada pecado que cometes, cortas una y otra vez la cuerda; y con cada nuevo nudo, Dios te va acercando a él progresivamente.

CURACION

A una persona muy afligida que había acudido a él en busca de ayuda le preguntó el Maestro: «Deseas realmente ser curado?»

«¿Me habría molestado en acudir a ti si no lo deseara?».

«¿Y por qué no? La mayor parte de la gente lo hace».

«¿Para qué?»

«No precisamente buscando la curación, que es dolorosa, sino buscando alivio».

Y a sus discípulos les dijo el Maestro: «Las personas que desean curarse con tal que puedan hacerlo sin dolor son como los que están a favor del progreso con tal de que éste no suponga para ellos cambio alguno».

DOCTRINA

A un visitante que aseguraba no tener necesidad de buscar la Verdad, porque ya la tenía en las creencias de su religión, le dijo el Maestro:

«Había una vez un estudiante que nunca llegó a convertirse en un matemático, porque creía ciegamente en las respuestas que aparecían en las últimas páginas de su texto de matemáticas; ... y aunque parezca paradójico, las respuestas eran correctas».

CREENCIA

El Maestro había citado a Aristóteles: «En la búsqueda de la verdad, parece mejor, y hasta necesario, renunciar a lo que nos es más querido». El Maestro sustituyó la palabra «verdad» por la palabra «Dios».

Más tarde le dijo un discípulo: «En mi búsqueda de Dios estoy dispuesto a renunciar a todo: a la riqueza, a los amigos, a la familia, a mi país y hasta a mi propia vida. ¿Puede una persona renunciar a algo más?»

El Maestro respondió con toda calma: «Sí. A sus creencias sobre Dios».

El discípulo se marchó entristecido, porque estaba muy apegado a sus convicciones. Tenía más miedo a la «ignorancia» que a la muerte.

INADOCTRINAMIENTO

«¿Qué es lo que enseña vuestro Maestro?», preguntaba un visitante.

«Nada», respondió el discípulo.

«Entonces, ¿por qué pronuncia discursos?»

«Lo único que hace es indicar el camino, pero no enseña nada».

Al visitante, aquello le resultaba incomprendible, de modo que el discípulo se lo explicó: «Si el Maestro enseñara, nosotros convertiríamos sus enseñanzas en creencias. Pero al Maestro no le interesa lo que creemos, sino únicamente lo que vemos».

ORIGENES

Aquel día era el cumpleaños de una discípula.

«¿Qué quieres que te regale por tu cumpleaños?», le preguntó el Maestro.

«Algo que me proporcione la Iluminación», le respondió ella.

El Maestro sonrió. «Dime, querida», le preguntó, «cuando naciste, ¿entraste en el mundo como si fueses una estrella caída del cielo o brotaste de él igual que brota una hoja de un árbol?»

La discípula se pasó el día meditando la extraña pregunta del Maestro. Al fin, vio de pronto la respuesta y adquirió la Iluminación».

DESVELAMIENTO

Un día preguntó el Maestro: «En vuestra opinión, ¿cuál es la pregunta religiosa más importante?»

A modo de respuesta, escuchó muchas preguntas:

«¿Existe Dios?»

«¿Quién es Dios?»

«¿Cuál es el camino hacia Dios?»

«¿Hay vida después de la muerte?»

«No»; dijo el Maestro, «la pregunta más importante es: '¿Quién soy yo?'»

Los discípulos se hicieron alguna idea de lo que el Maestro quería insinuar cuando, por casualidad, le oyeron hablar con un predicador:

Maestro: «Así pues, según tú, cuando hayas muerto tu alma estará en el cielo, ¿no es así?»

Predicador: «Sí, así es».

Maestro: «¿Y tu cuerpo estará en la tumba...?»

Predicador: «Exactamente».

Maestro: «¿Y dónde, si me permites la pregunta, estarás tú?»

IDENTIFICACION

«Desearía ver a Dios».

«Estas mirándolo en este mismo momento», dijo el Maestro.

«Entonces, ¿por qué no lo veo?»

«¿Por qué el ojo no se ve a sí mismo?», replicó el Maestro.

Más tarde se explicaba el Maestro de la siguiente manera: «Pedir a un cuchillo que se corte a sí mismo, o a un diente que se muerda a sí mismo, es igual que pedir a Dios que se revele a sí mismo».

COMPRENSION

«Toda palabra y toda imagen que se emplee para referirse a Dios tienen más de falseamiento que de descripción».

«Entonces, ¿cómo puede hablarse de Dios?»

«Por medio del silencio».

«Y si es así, ¿por qué hablas tú con palabras?»

El Maestro no pudo evitar reírse con todas sus ganas, y dijo: «Cuando yo hablo, no debes escuchar las palabras. Escucha el silencio».

SENTIDO

Le decía un viajero a uno de los discípulos: «He recorrido una enorme distancia para escuchar al Maestro, pero sus palabras me han parecido de lo más vulgar».

«No debes escuchar sus palabras. Escucha su mensaje».

«¿Y cómo se hace eso?»

«Toma una de las frases que él diga y agítala con fuerza hasta que se desprendan todas las palabras. Lo que quede hará que arda tu corazón».

VACIO

En ocasiones, los ruidosos visitantes ocasionaban un verdadero alboroto que acababa con el silencio del monasterio.

Aquello molestaba bastante a los discípulos; no así al Maestro, que parecía estar tan contento con el ruido como con el silencio.

Un día, ante las protestas de los discípulos, les dijo: «El silencio no es la ausencia de sonido, sino la ausencia de ego».

SERVICIO

Todo el mundo sabía que el Maestro era más partidario de la acción que del retraimiento. Pero no dejaba de insistir en la acción «iluminada».

Los discípulos deseaban saber qué significaba eso de «iluminada». ¿Acaso quería decir «bienintencionada»?

«¡Oh, no!», dijo el Maestro. «Imaginad lo bienintencionado que puede ser el mono cuando saca un pez del río para librarle de ser sepultado por las aguas...»

SER

«¿Qué he de hacer para alcanzar la santidad?», preguntó un viajero.

«Sigue a tu corazón», le dijo el Maestro.

Aquello pareció agradar al viajero.

Sin embargo, antes de que se marchara, el Maestro le susurró en voz muy baja: «Para seguir a tu corazón vas a necesitar una complexión muy robusta».

CELEBRACION

«¿Qué podría proporcionarme a mí la espiritualidad?», le preguntó un alcohólico al Maestro.

«Una intoxicación no-alcohólica», fue la respuesta.

APARIENCIAS

El Maestro desaprobaba invariablemente todo cuanto pareciera sensacional. Lo divino, solía afirmar, sólo se encuentra en lo normal y ordinario.

En cierta ocasión se oyó cómo el Maestro le decía a un discípulo obstinado en practicar ciertas formas de ascetismo rayanas en lo extravagante: «La santidad es algo misterioso: cuanto mayor es, menos se ve».

SANTIDAD

A un predicador que no dejaba de repetir:

«¡Tenemos que poner a Dios en nuestras vidas!»,
le dijo el Maestro:

«Ya está en ellas. Lo que tenemos que hacer es reconocerlo».

CORDIALIDAD

«¿Qué he de hacer para amar a mi prójimo?»

«Deja de odiarte a ti mismo».

El discípulo meditó larga y seriamente estas palabras y regresó a decirle al Maestro: «Pero si yo me amo demasiado a mí mismo... Si soy un egoísta y un egocéntrico... ¿Cómo puedo librarme de ello?»

«Sé cordial contigo mismo y tu ego quedará satisfecho y te dejará en libertad para amar a tu prójimo».

AFIRMACION

Una mujer, que se hallaba muy afligida por la muerte de su hijo, acudió al Maestro en busca de consuelo.

El la escuchó pacientemente mientras ella se desahogaba contando su historia de infortunio.

Cuando la mujer acabó de hablar, el Maestro dijo delicadamente: «Yo no puedo eliminar tus lágrimas, querida. Lo único que puedo hacer es enseñarte a santificarlas».

APERTURA

Una angustiada pareja se lamentaba ante el Maestro de que su hijo había abandonado las tradiciones religiosas de la familia y se había convertido, según él, en librepensador.

Y el Maestro les dijo: «No os preocupéis. Si el muchacho piensa realmente por sí mismo, es seguro que el Poderoso Viento habrá de desatarse y le llevará al lugar al que pertenece».

ESCLAVITUD

A un visitante religioso que estaba hecho un manojo de nervios le preguntó el Maestro: «Por qué estás tan inquieto?»

«Tengo miedo de no alcanzar la Salvación».

«¿Y qué es la Salvación?»

«Moksha... Liberación... Libertad...»

El Maestro rió de buena gana y dijo: «¿De manera que estás **obligado** a ser libre? ¿Tienes **forzosamente** que ser liberado?»

En aquel instante, el visitante se tranquilizó y perdió el miedo para siempre.

EMPOBRECIMIENTO

A un discípulo que venía de un lejano país le preguntó el Maestro: «¿Qué andas buscando?»

«La Iluminación».

«Tú ya tienes tu propio tesoro. ¿Por qué buscas en otra parte?»

«¿Dónde está mi tesoro?»

«En esa misma búsqueda que ha florecido en ti».

En aquel momento el discípulo quedó iluminado. Años más tarde diría a sus amigos: «Abrid vuestro tesoro y disfrutad de su riquezas».

SOBERANIA

Los discípulos buscaban la Iluminación, pero no sabían en que consistía ni cómo podía llegarse a ella.

El Maestro les dijo: «No puede ser conquistada. No podéis apoderaros de ella».

Pero, al ver el abatimiento de los discípulos, el Maestro añadió: «No os aflijáis. Tampoco podéis perderla».

Y esta es la fecha en que los discípulos andan buscando lo que ni puede ser perdido ni puede ser adquirido.

PALABRAS

Los discípulos estaban enzarzados en una discusión sobre la sentencia de Lao Tse:

> «Los que saben no hablan;
> los que hablan no saben».

Cuando el Maestro entró donde ellos estaban, le preguntaron cuál era el significado exacto de aquellas palabras.

El Maestro les dijo: «¿Quién de vosotros conoce la fragancia de la rosa?»

Todos la conocían.

Entonces les dijo: «Expresadlo con palabras».

Y todos guardaron silencio.

DISCIPLINA

A los discípulos que deseaban saber qué clase de meditación practicaba él todas las mañanas en el jardín les dijo el Maestro: «Si observo con atención, veo el rosal en plena floración».

«¿Y por qué hay que observar **con atención** para ver el rosal?», preguntaron ellos.

«Para ver el rosal», dijo el Maestro, « y no la idea preconcebida que uno tiene del rosal».

MODERACION

No era difícil ver al Maestro tratando, una y otra vez, de disuadir a sus discípulos de que dependieran de él, a fin de no impedirles entrar en contacto con la Fuente interior.

Y fueron muchas las veces que se le oyó decir: «Hay tres cosas que si están demasiado cerca hacen daño y si están demasiado lejos son inútiles, y que por eso conviene que estén a media distancia: el fuego, el gobierno y el guru».

CONTRADICCION

«¿Qué acción tendría yo que realizar para alcanzar a Dios?»

«Si deseas alcanzar a Dios, hay dos cosas que debes saber. La primera es que todos los esfuerzos por alcanzarlo no sirven para nada».

«¿Y la segunda?»

«Que debes actuar como si no supieras la primera».

EXPERIENCIA

Convencido de la experiencia mística del Maestro, el Rector de una prestigiosa Universidad quiso hacerle jefe del Departamento de Teología.

Para ello entró en contacto con el más destacado de los discípulos del Maestro, el cual le dijo: «El Maestro insiste en la necesidad de ser iluminado, no en enseñar la Iluminación».

«¿Y qué es lo que puede impedirle ser jefe del Departamento de Teología?»

«Lo mismo que le impediría a un elefante ser jefe del Departamente de Zoología».

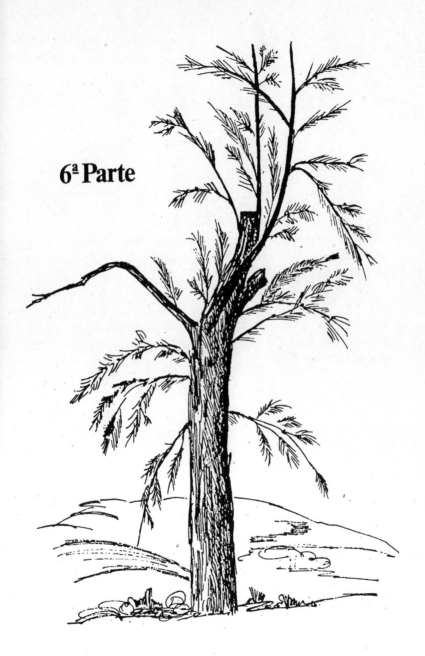

6ª Parte

PUBLICIDAD

A no ser que estuviera uno dotado de una especial perspicacia, no había nada en el Maestro que pudiera considerarse fuera de lo ordinario. Si las circunstancias no eran para menos, el Maestro podía asustarse y deprimirse. Podía reir, llorar y encolerizarse. Disfrutaba con la buena comida, no le hacía ascos a un par de copas e incluso se sabía que era muy capaz de volver la cabeza al paso de una mujer bonita.

En cierta ocasión, un visitante se lamentaba de que el Maestro no era un «hombre santo»; a lo cual un discípulo replicó:

«Una cosa es que un hombre sea santo, y otra muy distinta que a ti te parezca santo».

IDOLATRIA

El Maestro no se cansaba jamás de prevenir a sus discípulos contra los peligros de la religión, y le gustaba contar la historia de aquel profeta que iba por las calles, con una antorcha encendida en la mano, diciendo que iba a prender fuego al templo para que la gente se ocupara más del Señor que del propio templo.

Y luego añadiría el Maestro: «Algún día, yo mismo habré de portar una antorcha para prenderle fuego tanto al templo como al Señor».

CULTIVO

Un forastero que andaba en busca de las cosas divinas le preguntó al Maestro cómo podría, cuando regresara a su país, distinguir entre un verdadero maestro y uno falso.

El Maestro le dijo: «El bueno propone prácticas; el mal maestro propone teorías».

«Pero ¿cómo podré distinguir entre una práctica buena y una práctica mala?»

«Del mismo modo que un agricultor distingue entre un cultivo bueno y un cultivo malo».

TRANSITORIEDAD

El Maestro sentía alergia hacia aquellas personas que prolongaban excesivamente su estancia en el monasterio. Más tarde o más temprano, todos los discípulos oían de sus labios las temidas palabras: «Ha llegado el momento de que te vayas. Si no lo haces, el Espíritu no vendrá a ti».

Un discípulo especialmente reacio a marchar quiso saber qué era ese «Espíritu».

Y el Maestro le dijo: «El agua sólo se mantiene viva y libre si fluye. Tú sólo permancerás vivo y libre si te marchas. Si no huyes de mí, te estancarás y morirás... contaminado».

NO-EXPERIENCIA

Durante una discusión sobre la experiencia de Dios dijo el Maestro: «Cuando se experimenta a Dios, el 'yo' desaparece. Así pues, ¿quién es el que hace la experiencia?»

«Entonces, ¿es la experiencia de Dios una no-experiencia?»

«Es como el sueño», respondió el Maestro. «La experiencia del sueño sólo se conoce cuando el sueño ha terminado».

ESCONDIMIENTO

Contaba el Maestro en cierta ocasión la historia de una antigua vasija de cerámica, de valor inestimable, por la que se había pagado una fortuna en una subasta pública. La vasija había sido usada durante años por un mendigo que acabó sus días en la miseria, totalmente ignorante del valor de aquel objeto con el que había pedido limosna.

Cuando un discípulo preguntó al Maestro qué representaba aquella vasija, el Maestro le dijo: «A ti mismo».

El discípulo le pidió que se explicara, y el Maestro prosiguió: «Tú centras toda tu atención en el insignificante conocimiento que adquieres de los libros y de los maestros. Sería mejor que le prestaras más atención a la vasija en la que lo guardas».

MILAGRO

Se decía que el 'Haji' que vivía en las afueras de la ciudad realizaba milagros, por lo que su casa se había convertido en un centro de peregrinación al que acudía gran número de personas enfermas.

El Maestro, de quien todo el mundo sabía que no sentía el menor interés por lo milagroso, nunca respondía a las preguntas que pudieran hacerle acerca del 'Haji'.

Cuando le preguntaron a quemarropa por qué se oponía a los milagros, respondió: «¿Cómo va uno a oponerse a lo que está ocurriendo ante sus ojos a cada instante?»

ENGAÑO

«¿Cómo podemos distinguir entre el verdadero y el falso místico?», preguntaron unos discípulos desmedidamente interesados por lo misterioso y lo oculto.

«¿Cómo podéis distinguir entre el que duerme de verdad y el que finge dormir?», replicó el Maestro.

«No hay manera de distinguirlos. Sólo el durmiente sabe cuándo está fingiendo», dijeron los discípulos.

El Maestro sonrió.

Más tarde dijo: «El que finge dormir puede engañar a otros, pero no a sí mismo. Desgraciadamente, el falso místico puede engañar tanto a los demás como a sí mismo.»

EVASION

Un vistante refería la historia de un santo que quería ir a visitar a un amigo suyo que estaba agonizando; pero, como le daba miedo viajar de noche, le dijo al sol: «En el Nombre de Dios te ordeno que permanezcas en el cielo hasta que llegue yo a la aldea donde mi amigo agoniza». Y el sol se detuvo en el cielo hasta que el santo llegó a dicha aldea.

El Maestro sonrió y dijo: «¿No habría sido mejor que el santo hubiera vencido su miedo a viajar de noche?».

JUZGAR

«¿Qué he de hacer para perdonar a otros?»

«Si no condenaras a nadie,
nunca tendrías necesidad de perdonar».

SERENIDAD

«¿Existe alguna forma de medir las propias fuerzas espirituales?»

«Muchas».

«Dinos tan sólo una».

«Tratad de averiguar con que frecuencia perdéis la calma a lo largo de un sólo día».

IMPRUDENCIA

El Maestro insistía constantemente en que debemos aprender por nosotros mismos —enseñarnos a nosotros mismos— más que depender de la autoridad de otra persona. Lo cual, naturalmente, tenía sus límites, como lo puso de manifiesto el caso de un joven bastante prometedor que se convenció de que para llegar al misticismo debería intentar el camino de las drogas... y «correr el riesgo, porque sólo se puede aprender a base de un sistema de ensayo y error».

Aquello indujo al Maestro a contar la vieja historia del clavo y el tornillo:

> «Hay una forma de averiguar si lo que necesitas poner es un clavo o un tornillo. Si ves que se raja la madera, entonces sabrás que lo que tienes que poner es un tornillo».

IMBECILIDAD

Cuando se le preguntaba por su Iluminación, el Maestro siempre se mostraba reservado, aunque los discípulos intentaban por todos los medios hacerle hablar.

Todo lo que sabían al respecto era lo que en cierta ocasión dijo el Maestro a su hijo más joven, el cual quería saber cómo se había sentido su padre cuando obtuvo la Iluminación. La respuesta fue: «Como un imbécil».

Cuando el muchacho quiso saber por qué, el Maestro le respondió: «Bueno, verás..., fue algo así como hacer grandes esfuerzos por penetrar en una casa escalando un muro y rompiendo una ventana... y darse cuenta después de que estaba abierta la puerta».

DESARROLLO

A un discípulo que se lamentaba de sus propias limitaciones le dijo el Maestro: «Naturalmente que eres limitado. Pero ¿no has caído en la cuenta de que hoy puedes hacer cosas que hace quince años te habrían parecido imposibles? ¿Qué es lo que ha cambiado?»

«Han cambiado mis talentos».

«No. Has cambiado tú».

«¿Y no es lo mismo?»

«No. Tú eres lo que tú piensas que eres. Cuando cambia tu forma de pensar, cambias tú».

SUPERFICIALIDAD

Cierto día, le pidió un periodista al Maestro que mencionara una cosa que, según él, caracterizara al mundo moderno.

Sin dudarlo, el Maestro respondió: «Los hombres saben cada día más acerca del cosmos y cada día menos acerca de sí mismos».

Y a un astrónomo que le tenía embelesado hablándole de los portentos de la moderna astronomía le dijo de pronto el Maestro: «De todos los millones de objetos desconocidos que hay en el universo —agujeros negros, 'quasars', 'pulsars', etc.—, el más desconocido, sin duda alguna, es el yo».

ABANDONO

«¿Cuál es el supremo acto que una persona puede realizar?»

«Sentarse a meditar».

«¿Y no conduce eso a la inacción?»

«No. Es inacción».

«Entonces, ¿es la acción algo inferior?»

«La inacción da vida a las acciones. Sin ella, éstas son algo muerto».

CREATIVIDAD

«¿Cuál es el supremo acto que una persona puede realizar?»

«Sentarse a meditar».

Pero raras veces se veía al propio Maestro sentado a meditar, pues se hallaba constantemente ocupado en las tareas domésticas o agrícolas, reunido con otras personas o escribiendo libros. Incluso se había encargado de la contabilidad del monasterio.

«Entonces, ¿por qué pasas todo el tiempo trabajando?»

«Cuando uno trabaja no tiene necesidad de suspender el trabajo para sentarse a meditar»

DESAPARICION

A un discípulo que se había esforzado por alcanzar la Iluminación hasta el punto de enfermar físicamente le dijo el Maestro: «Un rayo de luz puede ser atrapado, pero no con las manos. La Iluminación puede alcanzarse, pero no a base de esfuerzos».

El desconcertado discípulo le replicó: «Pero ¿no me has dicho que debía luchar por vaciarme? ¡Pues eso es lo que estoy intentando hacer!»

«¡De modo que ahora estás lleno de esfuerzos por estar vacío...!», dijo el Maestro sin poder contener la risa.

REALIDAD

Aunque el Maestro parecía saborear la vida y vivirla a tope, también se sabía que afrontaba grandes riesgos, como cuando denunciaba la tiranía del gobierno, corriendo el peligro de ser arrestado y hasta morir, o cuando llevó a un grupo de sus discípulos a ayudar a una aldea que había sufrido el azote de la peste.

«El sabio no teme a la muerte», solía decir.

«¿Por qué tiene un hombre que arriesgar la vida tan fácilmente?», le preguntaron en cierta ocasión.

«¿Por qué tiene una persona que preocuparse tan poco por el hecho de que se apague una vela cuando el día ya ha amanecido?»

DISTANCIA

El propietario del parque de atracciones hablaba de la ironía que suponía el hecho de que, mientras los niños lo pasaban en grande en su parque, él solía estar, por lo general, deprimido.

«¿Qué preferirías: ser propietario del parque o divertirte?», le preguntó el Maestro.

«Ambas cosas».

El Maestro no dijo una palabra más.

Cuando, más tarde, le preguntaron a este respecto, el Maestro se limitó a citar las palabras que un vagabundo le había dirigido a un rico terrateniente: «Tú posees la propiedad. Otros disfrutan del paisaje».

LIMITACION

«¿Existe un Dios?», preguntó el marxista.

«No, ciertamente, tal como la gente lo imagina», respondió el Maestro.

«Cuando hablas de 'gente', ¿a quién te refieres?»

«A todo el mundo».

DEMOSTRACION

«¿Existe Dios?», preguntó un día el Maestro.

«Sí», respondieron a una los discípulos.

«Falso», dijo el Maestro.

«No», replicaron los discípulos.

«Falso de nuevo», insistió el Maestro.

«Pues ¿cuál es la respuesta?», preguntaron los discípulos.

«No hay respuesta».

«¿Por qué?, si puede saberse».

«Porque no hay pregunta», respondió el Maestro.

Más tarde lo explicaba: «Si no puedes **decir** nada de Aquel que supera todo pensamiento y toda palabra, ¿cómo puedes **preguntar** algo acerca de él?»

PRIORIDAD

El Maestro acogía favorablemente los avances de la tecnología, pero era profundamente consciente de sus limitaciones.

Cuando un industrial le preguntó en qué se ocupaba, le respondió: «Me dedico a la industria de las personas».

«¿Y qué demonios es eso?, si puede saberse», dijo el industrial.

«Fijémonos en tu caso», respondió el Maestro. «Tus esfuerzos producen mejores cosas; los míos mejores personas».

Más tarde les decía a sus discípulos: «El objeto de la vida es lograr el esplendor de las personas, pero hoy día la gente parece estar especialmente interesada por el perfeccionamiento de las cosas».

INSINUACION

El Maestro afirmaba poseer un libro que contenía todo cuanto es posible saber acerca de Dios.

Nadie había visto el libro, hasta que llegó un erudito visitante que, a fuerza de pedírselo una y otra vez, consiguió arrancárselo al Maestro. Se lo llevó a su casa y, una vez allí, lo abrió ansiosamente... y descubrió que todas sus páginas estaban en blanco.

Volvió a ver al Maestro y se le quejó: «¡Pero si el libro no dice nada...!»

«Ya lo sé», replicó el Maestro. «Pero fíjate todo lo que insinúa».

INFLEXIBILIDAD

«¡Cielos, cómo has envejecido!», exclamó el Maestro después de conversar con un amigo de su infancia.

«No puede uno evitar hacerse mayor, ¿no crees?», le dijo el amigo.

«No, claro que no puede», admitió el Maestro, «pero sí puede evitar envejecer».

DESTRUCCION

A pesar de toda su santidad, el Maestro daba una cierta impresión de oponerse a la religión. Esto era algo que desconcertaba siempre a los discípulos, los cuales, a diferencia del Maestro, equiparaban religión y espiritualidad.

«Tal como hoy es practicada, la religión se refiere fundamentalmente a castigos y recompensas. En otras palabras, produce temor y avidez, las dos cosas que más destruyen la espiritualidad».

Y más tarde añadió con tristeza: «Es algo así como tratar de combatir una inundación con agua, o como pretender apagar un incendio con fuego».

OPRESION

El Maestro siempre permitía que cada cual creciera a su propio ritmo. Que se sepa, nunca pretendió «presionar» a nadie. Y él mismo lo explicaba con la siguiente parábola:

«Una vez, al observar un hombre cómo una mariposa luchaba por salir de su capullo, con demasiada lentitud para su gusto, trató de ayudarla soplando delicadamente. Y en efecto, el calor de su aliento sirvió para acelerar el proceso. Pero lo que salió del capullo no fue una mariposa, sino una criatura con las alas destrozadas».

«Cuando se trata de crecer», concluyó el Maestro, «no se puede acelerar el proceso, porque lo único que puede conseguirse es abortarlo».

FRUSTRACION

Los discípulos no podían comprender la manera, aparentemente tan arbitraria, en que a unas personas se las aceptaba y a otras se las rechazaba para el discipulado.

Pero lograron hacerse una idea el día en que oyeron decir al Maestro: «No tratéis de enseñar a un cerdo a cantar, porque perderéis el tiempo y conseguiréis irritar al cerdo».

DEFINICIONES

El Maestro sentía una fascinación casi pueril por los inventos modernos. Y el día en que por primera vez vio una calculadora de bolsillo apenas podía reponerse de su asombro.

Más tarde, y en un tono muy afable, dijo: «Parece que hay mucha gente que posee una de esas calculadoras, pero que no tiene en sus bolsillos nada que merezca la pena calcular».

Cuando, unas semanas más tarde, un visitante preguntó al Maestro qué era lo que enseñaba a sus discípulos, el Maestro le respondió: «Les enseño a establecer correctamente el orden de prioridades: es mejor tener dinero que calcularlo; es mejor tener la experiencia que definirla».

ESCLARECIMIENTO

Discutían en cierta ocasión los discípulos acerca de la utilidad de la lectura. Para unos se trataba de una pérdida de tiempo, mientras que no era así para otros.

Cuando pidieron su opinión al Maestro, éste dijo: «¿Habéis visto alguna vez un texto en el que las notas consignadas al margen por un lector resultan ser tan esclarecedoras como el propio texto?»

Los discípulos asintieron con la cabeza.

«La vida», dijo el Maestro, «es uno de esos textos».

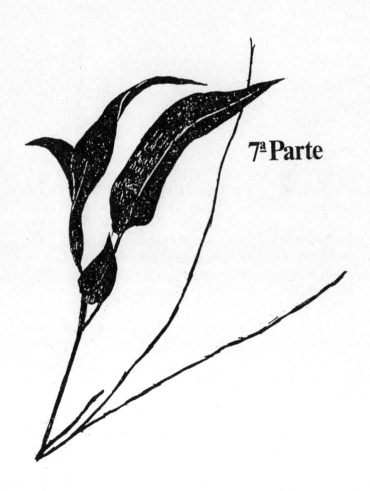

7ª Parte

VULNERABILIDAD

El Maestro ofreció la solución perfecta a un matrimonio que nunca dejaba de reñir.

Les dijo: «Sencillamente, dejad de reclamar como un derecho lo que podéis pedir como un favor».

Las riñas cesaron al instante.

OPOSICION

A un individuo dotado de auténtico espíritu emprendedor, pero al que desalentaban las frecuentes críticas que se le hacían, le dijo el Maestro: «Escucha las palabras del crítico, que te revelarán lo que tus amigos tratan de ocultarte.»

Y añadió: «Pero no te dejes abrumar por lo que el crítico diga. Nunca se ha erigido una estatua en homenaje a un crítico. Las estatuas son para los criticados».

INFINITO

Era imposible convencer al Maestro de que hablara de Dios o
de las cosas divinas. «Sobre Dios», decía, «sólo podemos saber
que lo que sabemos no es nada».

Un día hablaba de un hombre que se lo había estado pensando
mucho tiempo antes de decidirse a engrosar el número de los
discípulos. «Al fin vino a estudiar conmigo; y el resultado fue
que no aprendió nada».

Sólo unos pocos de los discípulos comprendieron: Lo que el
Maestro tenía que enseñar no podía ser aprendido. Ni siquiera
enseñado. Por eso, lo que realmente se podía aprender de él se
reducía a nada».

PERSECUCION

Un día, recordaba un discípulo cómo Buda, Jesús y Mahoma habían sido tachados de rebeldes y herejes por sus contemporáneos.

El Maestro dijo: «De nadie puede afirmarse que haya llegado a la cima de la Verdad mientras no le hayan denunciado por blasfemo mil personas sinceras».

RECONCILIACION

Cuando un hombre cuyo matrimonio funcionaba bastante mal acudió a él en busca de consejo, el Maestro le dijo: «Tienes que aprender a escuchar a tu mujer».

El hombre se tomó a pecho este consejo y regresó al cabo de un mes para decirle al Maestro que había aprendido a escuchar cada una de las palabras que decía su mujer.

Y el Maestro, sonriendo, le dijo: «Ahora vuelve a casa y escucha cada una de las palabras que ella no dice».

GRANDEZA

«Lo malo de este mundo», dijo el Maestro tras suspirar honda-
mente, «es que los seres humanos se resisten a crecer».

«¿Cuándo puede decirse de una persona que ha crecido?», preguntó un discípulo.

«El día en que no haga falta mentirle acerca de nada en
absoluto».

ILUMINACION

El Maestro era partidario tanto del aprendizaje como de la Sabiduría.

«El aprendizaje», contestó cuando los discípulos le preguntaron, «se adquiere leyendo libros o asistiendo a conferencias».

«¿Y la Sabiduría?»

«Leyendo el libro que cada uno es».

Y como si se le ocurriera de pronto, añadió: «Claro que no es una tarea fácil en absoluto, porque cada minuto del día supone una nueva edición del libro...»

MANIFESTACION

Cuando llegaba un nuevo discípulo, este era el 'catecismo' a que solía someterle el Maestro:

«¿Sabes quién es la única persona que no habrá de abandonarte jamás en toda tu vida?»

«¿Quién?»

«Tú».

«¿Y sabes quién tiene la respuesta a cualquier pregunta que puedas hacerte?»

«¿Quién?»

«Tú».

«¿Y puedes adivinar quién tiene la solución a todos y cada uno de tus problemas?»

«Me rindo...»

«Tú».

CONTEMPLACION

El Maestro solía decir que sólo el Silencio conducía a la transformación.

Pero nadie conseguía convencerle de que definiera en qué consistía el Silencio. Cuando alguien lo intentaba, él sonreía y se tocaba los labios con el dedo índice, lo cual no hacía más que acrecentar la perplejidad de sus discípulos.

Pero un día se logró dar un importante paso cuando alguien le preguntó: ¿Y cómo puede uno llegar a ese Silencio del que tú hablas?»

El Maestro respondió algo tan simple que sus discípulos se le quedaron mirando, buscando en su rostro algún indicio que les hiciera ver que estaba bromeando. Pero no bromeaba. Y esto fue lo que dijo: «Estéis donde estéis, mirad incluso cuando aparentemente no hay nada que ver; y escuchad aun cuando parezca que todo está callado».

INOCENCIA

Durante una excursión campestre dijo el Maestro: «¿Queréis saber cómo es la vida iluminada? Fijaos en aquellos pájaros que vuelan sobre el lago».

Y mientras todos miraban hacia donde él había indicado, exclamó el Maestro:

«Los pájaros proyectan sobre el agua un reflejo del que ellos no tienen conciencia alguna... y que el lago no trata de retener».

ARTE

«¿Para qué sirve un Maestro?», preguntó alguien.

Y un discípulo respondió: «Para enseñarte lo que siempre has sabido; para mostrarte lo que siempre has estado mirando».

Y como la respuesta dejó perplejo al visitante, añadió el discípulo:

«Con sus pinturas, un artista me enseñó a ver la puesta del sol. Con sus enseñanzas, el Maestro me ha enseñado a ver la realidad de cada momento».

SOLEDAD

«Quisiera estar con Dios en oración».

«Lo que tú quieres es un absurdo».

«¿Por qué?»

«Porque cuando estás tú, no está Dios; y cuando está Dios, no estás tú. Por lo tanto, ¿cómo vas tú a estar con Dios?»

Más tarde decía el Maestro:

«Busca la soledad. Cuando estás con alguien, no estás solo; cuando estás 'con Dios', no estás solo. La única forma de estar realmente con Dios es estar completamente solo. Y entonces sólo cabe esperar que esté Dios y no esté uno mismo».

SOSPECHA

A un viajero que preguntaba como podría distinguir entre un maestro verdadero y uno falso, le respondió lacónicamente el Maestro: «Si tu mismo no eres engañoso, no serás engañado».

Más tarde les dijo el Maestro a los discípulos: «¿Por qué será que los que buscan dan por supuesto que ellos son sinceros y que lo único que necesitan es el modo de detectar el fraude en los Maestros?»

PROPORCION

A un visitante que había acudido esperando encontrarse con algo fuera de lo normal le defraudaron las triviales palabras que el Maestro le había dirigido.

«Había venido aquí buscando a un Maestro», le dijo a un discípulo, «y todo lo que he encontrado ha sido un ser humano que no se diferencia de los demás».

Y el discípulo le replicó: «El Maestro es un zapatero con unas infinitas provisiones de cuero. Pero lo corta y lo cose de acuerdo con las dimensiones de tu pie».

AGRESION

Para manifestar su deseo de enseñar a otros la Verdad, un celoso discípulo le preguntó al Maestro su opinión al respecto. Y el Maestro le dijo: «Espera».

Un año tras otro, el discípulo volvía con la misma pregunta, y una y otra vez el Maestro le daba la misma respuesta: «Espera».

Al fin, un día le dijo al Maestro: «¿Cuándo estaré en condiciones de enseñar?»

Y el Maestro le respondió: «Cuando tu impaciencia por enseñar haya desaparecido».

ORACION

El Maestro nunca dejaba de atacar las ideas que la gente suele tener acerca de Dios.

«Si tu Dios acude en tu auxilio y te libra de la aflicción», solía decir, «es el momento de que comiences a buscar al verdadero Dios».

Cuando le pidieron que se explicara, contó la siguiente historia:

«Un hombre dejó su flamante bicicleta en el mercado mientras hacía sus compras.

No volvió a acordarse de la bicicleta hasta el día siguiente, y entonces se precipitó hacia el mercado pensando que se la habrían robado. Pero la bicicleta estaba exactamente donde él la había dejado.

Loco de alegría, fue corriendo a un templo cercano para dar gracias a Dios por haber cuidado de su bicicleta... y cuando salió del templo, descubrió que ¡la bicicleta había desaparecido!»

EXTRAVAGANCIA

Cierto día, los discípulos quisieron saber cuál era la clase de persona más indicada para el discipulado.

Y el Maestro les dijo: «Aquella persona que, poseyendo únicamente dos camisas, vende una y con el dinero que adquiere compra una flor».

MANIPULACION

El Maestro soportó, pacientemente sentado, las quejas que una mujer tenía contra su marido.

Cuando ella concluyó, dijo: «Tu matrimonio sería más feliz, querida, si tú fueras una esposa mejor».

«¿Y cómo puedo serlo?»

«Renunciando a tus esfuerzos por intentar hacer de él un mejor marido».

ATADURAS

«Como no tengo la menor idea de lo que me deparará el mañana, quiero estar preparado».

«Tienes miedo al mañana... y no te das cuenta de que el ayer es
igualmente peligroso».

EXHIBICION

Cuando uno de los discípulos anunció su propósito de enseñar
a otros la Verdad, el Maestro le propuso una prueba: «Pronuncia un discurso en mi presencia para que yo pueda juzgar si estás preparado».

El discurso fue realmente inspirado, y al acabar se acercó un
mendigo al orador, que se puso en pie y regaló su capa al mendigo, para edificación de la asamblea.

Más tarde le dijo el Maestro: «Tus palabras estuvieron llenas
de unción, hijo mío, pero aún no estás preparado».

«¿Por qué?», preguntó desilusionado el discípulo.

«Por dos razones: porque no has dado al mendigo la oportuni-
dad de expresar sus necesidades y porque no has superado el
deseo de impresionar a los demás con tu virtud».

CONFORMIDAD

Aunque pueda resultar paradójico, el Maestro insistía siempre en que el auténtico reformador no era otro sino el que era capaz de ver que todo está perfectamente tal como está... y de dejarlo en paz.

«Entonces, ¿por qué iba a desear reformar nada?», le replicaron sus discípulos.

«Bueno, veréis..., hay reformadores y reformadores. Unos dejan que la acción fluya a través de ellos, mientras ellos mismos no hacen nada; éstos son como los que cambian la forma y el curso de un río. Otros generan ellos mismos su propia actividad; éstos son como los que se esfuerzan por conseguir que el río sea más húmedo».

GRACIA

Se acercó un joven al Maestro y le dijo: «Desearía ser sabio. ¿Cómo puedo hacer realidad mi deseo?»

El Maestro suspiró y dijo: «Había una vez un joven exactamente igual que tú que deseaba ser sabio, y lo deseaba con suficiente intensidad como para conseguirlo. Cierto día, se encontraba sentado exactamente en el mismo lugar en el que ahora estoy yo. Frente a él estaba sentado un joven en el mismísimo lugar en el que ahora estás tú. Y el joven decía: '¡Desearía ser sabio!'»

SUPERIORIDAD

Un discípulo oriental que se sentía orgulloso de lo que él consideraba que era la espiritualidad de Oriente, fue al Maestro y le dijo: «¿A qué se debe el que Occidente disfrute del progreso material y Oriente posea la espiritualidad?»

«Se debe», respondió lacónicamente el Maestro, «a que, cuando, al comienzo de los tiempos, llegó el momento de repartir las provisiones para este mundo, a Occidente le tocó elegir primero».

INCOMPETENCIA

El Maestro solía insistir en que el último obstáculo que tenemos que superar para alcanzar a Dios era la palabra misma y el concepto de 'Dios'.

Esto enfureció al sacerdote local de tal modo que se fue, muy ofendido, a discutir el asunto con el Maestro.

«Pero sabemos que la palabra 'Dios' puede llevarnos a Dios, ¿no es así?», dijo el sacerdote.

«Claro que puede», respondió tranquilamente el Maestro.

«¿Y cómo es posible que algo pueda servir de ayuda y de obstáculo a la vez?»

«El asno que te lleva hasta la puerta», respondió el Maestro, «no es el medio de que te vales para entrar en la casa».

ATREVIMIENTO

«¿Por qué mi estancia aquí no ha producido fruto?», dijo decepcionado un visitante.

«¿No será porque te ha faltado valor para sacudir el árbol?», respondió apaciblemente el Maestro.

INSTRUMENTALIDAD

Cuando un discípulo fue a despedirse del Maestro antes de regresar a su familia y a sus negocios, le pidió al Maestro algo que poder llevarse consigo.

Y el Maestro le dijo: «Medita lo que voy a decirte: no es el fuego el que está caliente, sino que eres tú quien lo siente de ese modo.

No es el ojo el que ve, sino tú mismo.

No es el compás el que traza el círculo, sino el dibujante».

RESURRECCION

Cuando ya no había duda alguna de que el Maestro iba a morir, sus discípulos quisieron ofrecerle un funeral digno de él. El Maestro se enteró de ello y les dijo: «Con el cielo y la tierra por ataúd; con el sol, la luna y las estrellas por corona; con toda la creación por cortejo que me acompañe hasta la tumba..., ¿puedo desear yo algo más solemne e impresionante?»

Y pidió que le dejarán sin enterrar; pero los discípulos no querían ni oír hablar de ello, porque decían que sería devorado por las aves y las bestias.

«Pues acordaos de dejarme cerca mi bastón, para poder ahuyentarlos», dijo el Maestro sonriendo.

«¿Y cómo podrás hacerlo, si estarás inconsciente?»

«Entonces, ¿qué importancia tiene el que vaya a ser devorado por las aves y las bestias?»

ESPEJISMO

A unos recién llegados les dijo el Maestro: «Llamad y se os abrirá la puerta».

Más tarde les diría a algunos de ellos en tono confidencial: «¿Cómo va uno a esperar que se abra la puerta si nunca ha sido cerrada?»

FORMULACIONES

«¿Qué es lo que buscas?», le preguntó el Maestro a un intelectual que había acudido a él a pedirle orientación.

«La Vida», fue la respuesta.

«Si has de vivir», dijo el Maestro, «deben morir las palabras».

Cuando, más tarde, le preguntó qué era lo que había querido decir, el Maestro dijo: «Tú andas perdido y desamparado porque habitas en un mundo de palabras. Te alimentas y te satisfaces con palabras, cuando lo que necesitas es sustancia. Un menú no podrá saciar tu hambre. Una fórmula no habrá de saciar tu sed».

DISCRECION

Un hombre con fama de espiritual acudió al Maestro y le dijo: «Me resulta imposible orar. No puedo comprender las escrituras. No soy capaz de hacer los ejercicios que yo mismo recomiendo a los demás...»

«Entonces», dijo risueñamente el Maestro, «renuncia a todo».

«¿Y cómo puedo hacerlo? Se supone que soy un santo y tengo seguidores por estos lugares».

Más tarde diría el Maestro, tras emitir un suspiro: «La santidad, hoy día, es un nombre que no responde a una realidad. Sólo es auténtica cuando es una realidad carente de nombre».

ALEGRIA

De acuerdo con su doctrina de que nada debía ser tomado demasiado en serio, ni siquiera sus propias enseñanzas, al Maestro le gustaba contar la siguiente anécdota acerca de sí mismo:

«Mi primer discípulo era tan débil que los ejercicios acabaron con su vida. Mi segundo discípulo se volvió loco por el fervor con que practicaba los ejercicios que yo le enseñaba. Mi tercer discípulo vio cómo se le embotaba el entendimiento por el exceso de contemplación. Pero el cuarto discípulo consiguió conservar la cordura».

«¿Y cómo lo logró?», solía preguntar alguien invariablemente.

«Posiblemente porque fue el único que se negó a realizar los ejercicios». Y una unánime carcajada solía acoger las palabras del Maestro.

VANIDAD

El Maestro recordaba con frecuencia a sus discípulos que la santidad, al igual que la belleza, sólo es auténtica cuando no es consciente de sí misma. Y le gustaba citar el siguiente verso:

«La rosa florece porque florece.
No necesita preguntarse por qué
ni jactarse de nada
para atraer mi mirada».

Y solía también citar el siguiente dicho: «Un santo es un santo hasta que sabe que lo es».

EDUCACION

El Maestro, que recelaba del saber y la erudición en lo tocante a la divinidad, no perdía nunca la ocasión de estimular al estudio de las artes, las ciencias y cualesquiera otros conocimientos. Por ello no constituyó ninguna sorpresa el que aceptara encantado cuando le invitaron a hablar ante el claustro de la Universidad.

Llegó con una hora de adelanto y tuvo tiempo de pasearse por el «campus» y admirar los medios de que disponía, totalmente inexistentes en su tiempo.

Como era típico en él, su alocución al claustro duró menos de un minuto. Lo que dijo fue:

«Laboratorios y bibliotecas,
vestíbulos, pórticos y arcadas,
doctas conferencias...
Todo ello no servirá de nada
si no hay además
un corazón juicioso
y una mirada perspicaz».

239

TRIBULACION

«Las calamidades pueden ser causa de crecimiento y de iluminación», dijo el Maestro.

Y lo explicó del siguiente modo:

> «Había un pájaro que se refugiaba a diario en las ramas secas de un árbol que se alzaba en medio de una inmensa llanura desértica. Un día, una ráfaga de viento arrancó de raíz el árbol, obligando al pobre pájaro a volar cien millas en busca de un nuevo refugio... hasta que, al fin, llegó a un bosque de árboles cargados de frutas».

Y concluyó el Maestro: «Si el árbol seco se hubiera mantenido en pie, nada hubiera inducido al pájaro a renunciar a su seguridad y echarse a volar».

INTREPIDEZ

«¿Qué es el amor?»

«La ausencia total de miedo», dijo el Maestro.

«¿Y qué es a lo que tenemos miedo?»

«Al amor», respondió el Maestro.

MAYA

En cierta ocasión, explicaba el Maestro del siguiente modo cómo la iluminación no proviene del esfuerzo, sino de la percepción:

«Imaginad que se os ha hipnotizado a todos para haceros creer que hay un tigre en esta habitación. En vuestro miedo, intentaréis huir de él, luchar contra él, protegeros de él, apaciguarlo... Pero una vez que se pasan los efectos de la hipnosis, percibís que no es preciso hacer nada de eso. Y entonces habréis cambiado radicalmente:

La percepción rompe el hechizo,
el hechizo roto ocasiona el cambio,
el cambio conduce a la inacción,
y la inacción es poder:
podéis hacerlo todo en el mundo,
porque ya no sois vosotros quienes lo hacéis».

PURIFICACION

El Maestro insistía en que lo que él enseñaba no era nada, y que tampoco era nada lo que hacía.

Sus discípulos descubrían poco a poco que la sabiduría la alcanzan los que no aprenden nada y lo des-aprenden todo.

Semejante transformación es la consecuencia no de algo que se hace, sino de algo que se omite.

GENIALIDAD

Llegó al monasterio un escritor con la intención de escribir un libro sobre el Maestro.

«La gente dice que eres un genio. ¿Piensas tú que lo eres?», le preguntó.

«¡Ya lo creo que sí!», respondió el Maestro con no demasiada modestia.

«¿Y qué es lo que convierte a uno en un genio?»

«La capacidad de reconocer».

«Reconocer... ¿qué?»

«Reconocer a la mariposa en el gusano; al águila en el huevo; y al santo en el hombre egoísta».

HUMANIDAD

La conferencia que el Maestro iba a pronunciar sobre LA DESTRUCCION DEL MUNDO había sido profusamente anunciada, y fue mucha la gente que acudió a los jardines del monasterio para escucharle.

La conferencia concluyó en menos de un minuto. Todo lo que el Maestro dijo fue:

«Estas son las cosas
que acabarán con la raza humana:
la política sin principios,
el progreso sin compasión,
la riqueza sin esfuerzo,
la erudición sin silencio,
la religión sin riesgo
y el culto sin consciencia».

RECHAZO

«¿Cuál es la clase de persona a que da lugar la Iluminación?»

Y el Maestro dijo:

«La persona cívica y no partidista,
que no se deja atar a un plan preconcebido,
que toma las cosas como vienen,
que no siente remordimientos por el pasado
ni ansiedad por el futuro,
que se va cuando la echan
y viene cuando la llaman,
que es como un poderoso vendaval,
como una pluma al viento,
como las hierbas que flotan en el río,
cual piedra de molino que gira dócilmente,
que ama por igual a toda la creación
porque el cielo y la tierra
son iguales para todos...
así es la persona producto de la Iluminación».

Al oír estas palabras, uno de los discípulos más jóvenes exclamó: «¡Esa clase de doctrina no es para los vivos, sino para los muertos!», y se marchó para nunca más volver.

2816062962

215-